El Imperio Persa

Una guía fascinante de la historia de Persia, desde los antiguos imperios aqueménida, partenopeo y sasánida hasta las dinastías safávida, afsárida y kayar

© Copyright 2020

Todos los derechos reservados. Ninguna parte de este libro puede ser reproducida de ninguna forma sin el permiso escrito del autor. Los revisores pueden citar breves pasajes en las reseñas.

Descargo de responsabilidad: Ninguna parte de esta publicación puede ser reproducida o transmitida de ninguna forma o por ningún medio, mecánico o electrónico, incluyendo fotocopias o grabaciones, o por ningún sistema de almacenamiento y recuperación de información, o transmitida por correo electrónico sin permiso escrito del editor.

Si bien se ha hecho todo lo posible por verificar la información proporcionada en esta publicación, ni el autor ni el editor asumen responsabilidad alguna por los errores, omisiones o interpretaciones contrarias al tema aquí tratado.

Este libro es solo para fines de entretenimiento. Las opiniones expresadas son únicamente las del autor y no deben tomarse como instrucciones u órdenes de expertos. El lector es responsable de sus propias acciones.

La adhesión a todas las leyes y regulaciones aplicables, incluyendo las leyes internacionales, federales, estatales y locales que rigen la concesión de licencias profesionales, las prácticas comerciales, la publicidad y todos los demás aspectos de la realización de negocios en los EE. UU., Canadá, Reino Unido o cualquier otra jurisdicción es responsabilidad exclusiva del comprador o del lector.

Ni el autor ni el editor asumen responsabilidad alguna en nombre del comprador o lector de estos materiales. Cualquier desaire percibido de cualquier individuo u organización es puramente involuntario.

Índice

INTRODUCCIÓN 1
CAPÍTULO 1 - ¿QUIÉNES SON LOS PERSAS? LA HISTORIA DE LA POBLACIÓN HUMANA EN IRÁN 3
   La llegada de los iraníes y los persas 4
   La geografía y la geopolítica de Oriente Medio: El nacimiento del Imperio persa 8
   Conclusión 10
CAPÍTULO 2 - EL NACIMIENTO DEL IMPERIO DE LOS AQUEMÉNIDAS: SURGIMIENTO Y REINADO DE CIRO EL GRANDE 11
   Establecimiento de una nación: La unificación de Persia 12
   Poder emergente: La conquista de Lidia 14
   Solidificando el control: La conquista de Babilonia 17
   Conclusión: La muerte de Ciro II 18
CAPÍTULO 3 - LA GLORIA DEL IMPERIO AQUEMÉNIDA: CAMBISES Y DARÍO 20
   El reinado de Cambises II 21
   El ascenso de Darío 23
   Darío el Conquistador 27
   Las guerras greco-persas 31
   Darío I el Rey 34
   Conclusión 37
CAPÍTULO 4 - EL PRINCIPIO DEL FIN: EL REINADO DE JERJES Y LA CAÍDA DE LA DINASTÍA AQUEMÉNIDA 39
   Jerjes sube al trono y asegura el imperio 40
   Jerjes avanza hacia Grecia 43
   La decadencia de Jerjes y el poderío persa 50

Artajerjes II y Artajerjes III: La gloria final del Imperio aqueménida 52

El fin de la dinastía aqueménida 56

Conclusión 57

CAPÍTULO 5 - LA VIDA EN LA ANTIGUA PERSIA 59

CAPÍTULO 6 - EL EJÉRCITO PERSA 64

Los inmortales persas 64

Ejércitos satrapales 65

Mercenarios y otros ejércitos 67

CAPÍTULO 7 - ZOROASTRISMO: LA RELIGIÓN DE PERSIA 68

La fundación del zoroastrismo 69

Creencias zoroastrianas 70

CAPÍTULO 8 - DINASTÍAS PERSAS POSTERIORES: DEL IMPERIO PARTO A LA DINASTÍA KAYAR 72

El Imperio parto (247 a. C.-24 d. C.) 73

El imperio sasánida (224 a. C.-651 e. C.) 77

La Dinastía Safávida (1501-1736 d. C.) 80

La Dinastía Kayar (1789-1925) 83

Conclusión 86

CAPÍTULO 9 - ARTE PERSA: MEZCLA DE ORIENTE Y OCCIDENTE 87

Arquitectura 88

Escultura y pintura 92

Pintura 94

Alfombras y tapetes 95

Conclusión 98

CAPÍTULO 10 - CONTRIBUCIONES PERSAS A LA CIENCIA Y LA TECNOLOGÍA 99

La antigua Persia 99

La Persia islámica y post-islámica 101

Conclusión 103

CONCLUSIÓN 105

VEA MÁS LIBROS ESCRITOS POR CAPTIVATING HISTORY ... 107

BIBLIOGRAFÍA 108

Introducción

Los estudiantes de historia antigua conocen bien a los persas. Los persas son un grupo cultural y lingüístico presente en la actualidad, y los fundadores de la nación moderna de Irán. Sus raíces se remontan a los arios del norte de Europa, pero con el paso del tiempo, consiguieron afirmarse en una identidad propia que condujo a la formación de algunos de los imperios más poderosos del mundo.

Una de las cosas más sorprendentes de los persas es la rapidez con la que pasaron de ser una tribu desconocida, impotente y nómada a un inmenso imperio que se extendía por Asia occidental, África y partes de Europa. El ascenso de Ciro el Grande, considerado el padre de Persia, en el siglo VII a. C. llenó el vacío de poder causado por la caída de los asirios, y condujo a la formación de uno de los imperios más poderosos del mundo antiguo.

Este primer imperio, conocido como el imperio aqueménida, controlaba uno de los mayores imperios en cuanto a superficie terrestre jamás registrados. Las tropas persas llegaron hasta Libia y Grecia, y los gobiernos persas controlaban los territorios de las actuales naciones de Afganistán, Uzbekistán y Tayikistán, así como la India. Sus constantes guerras con los griegos jugaron un papel fundamental en el desarrollo de su cultura al obligar a las ciudades-estado griegas a unirse, dando lugar a una Edad de Oro griega. Esto ha tenido una enorme influencia en el mundo en que vivimos hoy en día; si los griegos no hubieran sido capaces de detener el avance persa, el mundo sería muy diferente.

Sin embargo, como todos los imperios del mundo antiguo, los aqueménidas no duraron para siempre. La guerra constante agotó sus recursos, y el surgimiento de los griegos y macedonios guiados por Alejandro Magno finalmente empujó al gran Imperio persa a un segundo plano en la historia. Pero los persas no desaparecieron para siempre. Sucesivas dinastías que comenzaron en el siglo III a. C. y continuaron hasta el siglo VII d. C. ayudaron a restablecer a Persia como una fuerza dominante en la región, y desempeñaron un papel importante en la creación y propagación de una identidad cultural y étnica persa que perduraría a lo largo de los casi 900 años de dominio islámico y continuaría hasta la actualidad.

Los persas han hecho importantes contribuciones a la cultura mundial, desde su capacidad para reunir y entrenar una de las fuerzas de combate más formidables del mundo antiguo, los inmortales persas, hasta sus nuevas y efectivas formas de organizar y administrar el gobierno. También, el arte persa tuvo una fuerte influencia en los invasores musulmanes, lo cual marcó el comienzo de la Edad de Oro Islámica que ayudó a extender el islam por el Medio Oriente y África.

Algunos aspectos de la cultura persa desaparecieron con el tiempo, pero muchos sobrevivieron, aunque solo en pequeñas porciones. El zoroastrismo, por ejemplo, una de las religiones monoteístas más antiguas del mundo, desempeñó un papel importante en la cultura e identidad persas hasta la invasión islámica, pero todavía existe en la actualidad y es practicada por miles de personas en todo Irán y la India. Así que, aunque la gloria del Imperio persa es en gran medida una cosa del pasado, su influencia en el mundo no lo es. Por lo tanto, entender cómo los persas llegaron al poder, y cómo ejercieron su influencia en los diferentes grupos culturales de Asia occidental, ayuda a entender mejor tanto la historia de Oriente Medio como la del mundo entero.

Capítulo 1 - ¿Quiénes son los persas? La historia de la población humana en Irán

Hoy en día, Persia es un nombre muy conocido. La gente come comida persa, disfruta de los productos persas, y millones de personas hablan el idioma persa. Se ha convertido casi en sinónimo del país moderno de Irán. Pero no siempre fue así. De hecho, cuando se examina la historia desde una perspectiva amplia, los iraníes son relativamente nuevos en la escena de Oriente Medio. Pero la combinación de azar, desarrollo cultural y poderío militar cambiaría esto rápidamente y convertiría a Persia y al pueblo persa en una de las civilizaciones más famosas del mundo. Sin embargo, antes de ver cómo el Imperio persa llegó al poder, es importante entender los orígenes del pueblo persa y también la tierra que eventualmente llamaría hogar.

La llegada de los iraníes y los persas

La civilización eventualmente entendida como Persia obtiene su nombre de la región de Persis, que se encuentra en el noroeste de Irán en la moderna región de Fars. Fue allí donde la tribu iraní Pasargada, a veces conocidos como los Parsua, decidieron establecerse en el siglo VII a. C. después de una larga y lenta migración desde el norte y el oeste. La ciudad que construyeron, también llamada Pasargada, se convertiría en el centro cultural y político del primer Imperio persa. Sin embargo, aunque la concepción moderna de la civilización persa no comenzó oficialmente hasta el último milenio a. C., la historia del pueblo persa comienza mucho antes en la línea de tiempo de la historia humana.

La evidencia de las poblaciones humanas en Irán se remonta a la Edad Glacial Tardía, así como a la Edad de Piedra Tardía. Sin embargo, la evidencia arqueológica sugiere que los humanos no comenzaron a cambiar su estilo de vida nómada por el sedentario basado en la agricultura hasta el siglo V o quizás incluso el VI a. C.

A medida que la gente comenzó a abandonar sus formas de vida nómada en favor de las sedentarias, se produjeron migraciones masivas, conduciendo a pueblos de diferentes orígenes étnicos y lingüísticos hacia el Medio Oriente. Se cree que los persas son el resultado de una mezcla de etnias orientales y occidentales, en gran parte procedentes de la meseta de Asia Central, y también los arios y otros grupos étnicos originarios de Rusia y muchos de los actuales estados eslavos.

Como era común en las civilizaciones antiguas, al asentarse Persis, las tribus nombraron un líder o rey. Sin embargo, este «rey» tenía poder solo sobre la tribu que le había concedido el derecho a gobernar, y prácticamente ninguna influencia sobre los territorios circundantes. Esto cambiaba rápidamente en el contexto de la historia antigua (Persia comenzaría a ejercitar sus músculos imperiales menos de 200 años después de la fundación de Pasargada), pero al principio, los persas eran vasallos de otros grupos más poderosos de la región, concretamente de los medos.

Los medos fueron un grupo étnico y eventualmente un reino (y tal vez imperio, dependiendo de cómo se defina el término) contemporáneo del Imperio asirio Tardío (1000 a. C.-600 a. C.). Se cree que llegaron a la escena en el siglo II o posiblemente en el III a. C., y que con el tiempo controlaron grandes partes del noroeste de Irán, el sudeste de Turquía y el oeste de Irak. Desafortunadamente, no se ha excavado ningún sitio de los medos, y la mayor parte de lo que se conoce sobre su civilización se ha sabido estudiando los registros de las civilizaciones circundantes. Así que, aunque ciertamente fueron influyentes, se desconoce el alcance de su control político en la región, y se cree que, en términos generales, mantenían un control débil que dependía en gran medida de las voluntades y los caprichos de sus vecinos más poderosos, específicamente los elamitas y los asirios.

Sin embargo, no se puede subestimar el papel de los medos en el desarrollo de la historia persa. Mientras que los persas eran súbditos del reino vecino, las similitudes del lenguaje y la religión ayudaron a acercar los dos pueblos. Específicamente, tanto los medos como los persas hablaban un idioma iraní y son parte del grupo étnico iraní. Ninguno de los dos podía entender completamente al otro, pero la similitud en la estructura de estos dos idiomas facilitaba la comunicación entre los dos grupos y la formación de redes de comercio y poder político.

A diferencia de los idiomas semíticos que se hablaban en gran parte de la Mesopotamia y el Asia occidental en esa época, los iraníes son un grupo etnolingüístico compuesto por muchos otros grupos étnicos diferentes, como los bactrianos, cimerios, medos, partos, persas y escitas, entre otros, siendo el idioma iraní la característica unificadora de este grupo etnolingüístico. El iraní forma parte del grupo más amplio de lenguas indo-iraníes, que es una rama de la clasificación indoeuropea mucho más amplia que incluye unas 445 lenguas vivas, entre ellas el español, el hindi, el inglés, el portugués, el punjab, el alemán, el francés, el italiano y el persa, entre otras.

Además, en el momento de la llegada de los persas al Irán, practicaban una religión familiar para los medos, pues ambos compartían raíces de las tradiciones de la Ley Antidemocrática, sabidamente parte prominente de la cultura aria (los pueblos originarios de Rusia y otras partes del noreste de Europa).

Esta religión no tenía «dioses». En cambio, se entendía que la vida en la Tierra estaba controlada por una serie de demonios sin nombre que eran responsables de todas las cosas terribles que pueden definir la existencia. Y tenían esencialmente un culto al fuego, adorando al fuego sagrado como su principal deidad. Sin embargo, a medida que los persas se asentaron y se hicieron más influyentes, comenzaron a adaptar algunas de las prácticas religiosas de los medos y de otras culturas iraníes de la región, dando lugar finalmente al zoroastrismo, la mayor religión surgida en Irán con la excepción del islam.

Sin embargo, los persas, con su idioma iraní y sus costumbres religiosas iraníes/arias, eran dramáticamente diferentes de las otras culturas que ya vivían allí. Cuando llegaron a la Medialuna Fértil (la zona que incluye Mesopotamia -el gran valle fértil entre los ríos Tigris y Éufrates en el actual Iraq, así como los territorios circundantes en el actual Israel y el golfo Pérsico. Véase la figura 1 infra), fueron considerados «norteños». Y debido a su idioma distinto, también habrían sido considerados «extranjeros»; en esa época, la mayoría de la gente de la región hablaba una lengua semítica, como el asirio, el acadio, el babilonio, etc. Esta clasificación desempeñaría un papel importante en la configuración del paisaje geopolítico de Irán y el territorio circundante.

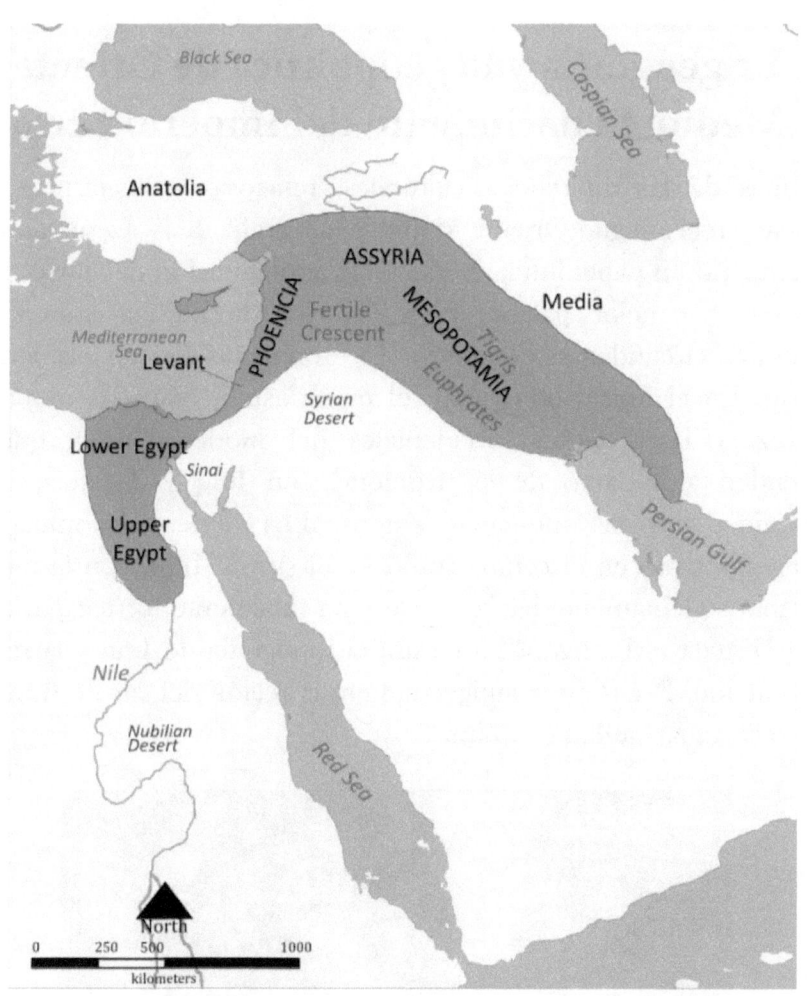

La geografía y la geopolítica de Oriente Medio: El nacimiento del Imperio persa

Además de las diferencias culturales, religiosas y lingüísticas que existían en el antiguo Oriente Medio, la geografía de la región también desempeñó un papel fundamental en la configuración del curso de su historia. La mejor palabra para describir la meseta iraní y los territorios circundantes es «difícil». Las montañas rodean casi toda la región. En el norte, bordeando el mar Caspio, están las montañas Alborz, y las fronteras occidentales del moderno Iraq, que se extienden a lo largo de las fronteras con Iraq y Turquía, están protegidas por las montañas Zagros. Los desiertos dominan la topografía tanto en el centro como en el sur de Irán, con la meseta elevándose lentamente hacia el este para finalmente formar parte del gran Himalaya. La figura 2 muestra la topografía de Irán y la región circundante. Persis en la antigüedad era la región del sur de Irán que rodea la actual ciudad de Shiraz.

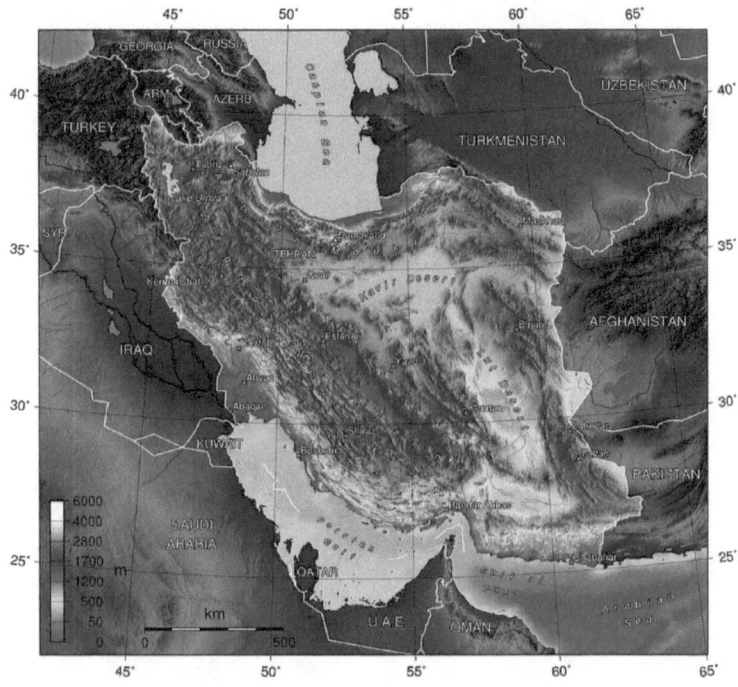

Debido a este clima, los lugares para el asentamiento humano eran escasos. La mayoría de las tierras fértiles estaban entre las cimas de las montañas, y las precipitaciones en la región eran, y siguen siendo, mínimas. La mayor parte del territorio dependía del deshielo de la nieve en la primavera para su abastecimiento de agua, y asegurar este precioso recurso era, y sigue siendo, con frecuencia la máxima prioridad para cualquier líder de la región. Sin embargo, a pesar de estas dificultades, la gente fue capaz de encontrar maneras de instalar y hacer crecer las civilizaciones. Pero la agricultura tradicional no era común, y la gente utilizaba la cría de animales como su principal fuente de alimentos e ingresos.

Sin embargo, debido a sus diferencias culturales y lingüísticas, y también a la situación geopolítica en el momento de su llegada al Irán, la historia persa fue definida por la forma en que interactuaron con sus vecinos más poderosos e influyentes.

Con la fundación de Pasargada en el siglo VII a. C., Asiria, que había sido la potencia dominante en la región durante gran parte de los últimos 300 años, estuvo al borde del colapso. Pero seguía siendo el imperio más poderoso de Mesopotamia y del extranjero; su esfera de influencia se extendía al oeste hasta Egipto y al este hasta los montes Zagros. Los registros asirios indican que los primeros reyes persas, que mantenían una hegemonía sobre la región de Persis, eran vasallos de los reyes asirios, y enviaban tributos como señal de su lealtad.

Sin embargo, a finales del siglo VII a. C., Asiria cayó y casi desaparece de los anales de la historia. Pero cuando sucedió, las nuevas potencias, específicamente Babilonia, Elam, Caldea, Lidia, Egipto, y en menor medida, Grecia, ejercitaban sus músculos en el oeste de Asia, lo cual significa que desde el principio los persas tuvieron que luchar para mantener el control sobre el territorio que iban a llamar hogar. El paso del Imperio persa a la historia como uno de los más avanzados militarmente no debería sorprender a los estudiantes de historia.

Sin embargo, esta transición no ocurrió de la noche a la mañana. Tras la caída de Asiria, los persas se convirtieron en vasallos de los medos, cuya influencia en la región crecía tras ayudar a los babilonios, elamitas y egipcios a derrocar el imperio asirio. Pero Persia crecía tanto en tamaño como en influencia. Comenzó a establecer su propia tradición monárquica, con una familia real, la aqueménida, en control total del trono persa. Esta familia ganó poder lentamente, y hacia el 550 a. C. Ciro II, también conocido como Ciro el Grande, subió al poder y logró derrocar el gobierno medo, logrando autonomía política para Persia, y dando a luz el primer Imperio y dinastía persas, que jugaría un papel importante en la conformación de la historia de la región.

Conclusión

En general, los persas pueden considerarse rezagados en el escenario de la antigua Mesopotamia, Irán y el Medio Oriente. Pero esto no aminora su influencia. Usando la lente de la retrospectiva histórica, los persas llegaron en un momento particularmente fortuito de la historia. La caída de los asirios significó agitación política en la región. Y aunque el Imperio neo-babilónico tomaría el control de gran parte de Mesopotamia, Irán y la región circundante estaban a la altura. La sucesión de reyes de la dinastía aqueménida llevaría gloria al pueblo persa, y ayudaría a consolidar a los persas como una de las civilizaciones más formidables, poderosas e influyentes de toda la historia de la humanidad.

Capítulo 2 - El nacimiento del Imperio de los aqueménidas: Surgimiento y reinado de Ciro el Grande

A mediados del siglo VI a. C., el paisaje político de Mesopotamia y sus alrededores había cambiado considerablemente. Asiria ya no existía, y la alianza formada por dos de sus enemigos -Babilonia y los medos- se había diluido. Su relación era débil, y después de conquistar el botín del Imperio asirio, las tensiones empezaron a aumentar de nuevo.

En esta época, las diferentes tribus persas dispersas por la región de Persis comenzaban a unificarse y a lograr alguna forma de identidad nacional. El nacionalismo llegó en el momento oportuno para los persas, pues la agitación política de la región produjo condiciones bastante favorables para afirmar su independencia.

Establecimiento de una nación: La unificación de Persia

En el 559 a. C., tuvo lugar el primer acontecimiento real trascendental en la historia persa: la coronación de Ciro II, más tarde conocido como Ciro II el Grande. Probablemente este apodo se debe al reconocimiento de su tremendo logro: unir las tribus persas y expandir el Imperio persa hasta ser el más grande de la región en aquel momento.

La capital de Ciro II fue Pasargada, ocupada en gran parte por miembros de la tribu Pasargada, gobernada por la familia de Ciro II, los aqueménidas. Pero en este momento de la historia, era vasallo de los reyes medos. Sin embargo, no se conformó con el papel de rey secundario, y empezó a tramar una revuelta que ayudaría al pueblo persa a conseguir cierto grado de autonomía política.

Empezó reuniendo el apoyo de otras tribus persas que se habían asentado en toda la meseta iraní, a saber, los Maraphii, los Maspii, los Panthialaei, los Deusiaei y los Germanii. Pero Ciro II sabía que sería incapaz de derrocar el gobierno de los medos por sí solo, así que después de conseguir unificar muchas de las diferentes tribus persas, empezó a buscar un aliado que apoyara su revolución.

Como ya se ha mencionado, la calidez que definió los asuntos babilónicos-medos durante su intento conjunto de sacar a los asirios de su posición de dominio se había enfriado considerablemente, y aunque las dos potencias no estaban en conflicto abierto, tampoco eran buenos amigos. Como resultado, Babilonia fue la primera elección de Ciro II como aliada, y considerando que Babilonia era el siguiente vecino más cercano de Persia sin contar a los medos, esta decisión tenía sentido lógico.

En el momento en que Ciro II planeaba su revuelta contra los gobernantes medos, Babilonia estaba pasando por una transición. Los caldeos, un grupo étnico que constituía una gran parte del Imperio babilónico, siempre generaban controversia respecto al trono babilónico, pues a menudo no eran bienvenidos como líderes por otras potencias de la región; Asiria, Elam y los medos apoyaban frecuentemente las revueltas dentro de Babilonia que se producían como resultado del ascenso al trono de los caldeos.

Cuando Ciro II estaba reuniendo apoyo para su rebelión, nadie en Babilonia tenía un claro derecho al trono. Eventualmente, un líder anti-Caldeo, Nabu-naid, fue nombrado rey, e hizo una alianza con Ciro II para ayudarle a recuperar las tierras perdidas con los medos durante las guerras con Asiria justo el siglo anterior, específicamente la región que rodea la ciudad de Harran, que fue la última ciudad en caer del Imperio asirio, quitándoles el poder en la región.

Ciro II comenzó su guerra contra los medos en el 555 a. C., y los babilonios hicieron su parte expulsando a los medos de los territorios disputados cerca del golfo Pérsico. Esto ocupó a las fuerzas medas de ambos frentes, lo cual facilitó que Ciro II y sus ejércitos se adentraran en el territorio medo y conquistaran sus ciudades, incluida su capital, Ecbatana. Los esfuerzos de los medos por tomar represalias se vieron frustrados por un motín -sus tropas probablemente reconocieron su inminente perdición- y esto significó que para el año 550 a. C. Ciro II logró conquistar a los medos. Persia era ahora oficialmente una nación independiente, pero su poder e influencia derivaría en parte de las estrechas conexiones que tenía con el antiguo Imperio medo. Ciro II asumió el control de lo que los medos habían construido, y él y sus sucesores se expandirían a partir de allí para colocar firmemente a los persas en el centro de la poderosa civilización iraní.

Este es claramente un momento glorioso en la historia persa, pero también puso en marcha un período de considerable incertidumbre que los persas debieron afrontar para poder mantener su recién descubierta autonomía. Concretamente, la conquista de las tribus de los medos significaba que Ciro II sentía derecho a gobernar los territorios conquistados por los reyes de los medos, que se extendían por Mesopotamia, Asiria, Siria, Armenia y Capadocia (una región de la actual Turquía).

Sin embargo, los babilonios también consideraban que tenían derechos legítimos sobre esas tierras, lo cual implicaba a Persia inmediatamente en conflicto con una cultura que había sido su aliada apenas unos años antes. Como resultado, estas etapas iniciales de la historia persa están estrechamente ligadas a las acciones de los babilonios y a la forma en que estos dos poderosos reinos negociaron la ausencia de los medos, anteriormente un amortiguador entre Babilonia y otras naciones más poderosas del este. Pero antes de que Ciro II se pusiera a trabajar en la conquista de los babilonios y en poner bajo su control el sur de Mesopotamia, pasó un tiempo en el norte de la Medialuna Fértil, lo cual ayudó a extender la influencia persa más hacia el oeste.

Poder emergente: La conquista de Lidia

Lo notable de Ciro II es que pasó de ser el rey de una poderosa pero pequeña ciudad en la meseta iraní a emperador de una vasta civilización que se extendía desde su tierra natal hasta el oeste de Egipto en menos de una vida. Y sus sucesores irían aún más lejos al llegar y entrar en batalla con las ciudades-estado de la periferia griega. Debido a esto, en solo una generación, Persia pasó de ser un conjunto de tribus dispersas que se identificaban con los mismos orígenes y hablaban el mismo idioma al mayor imperio jamás visto en la Medialuna Fértil y el Mediterráneo. De hecho, se convertiría en el mayor imperio del mundo en ese momento, excepto por China.

Cuando Ciro llegó al poder, se le llamó el rey de Ashan, nombre del pueblo del cual provenía, que le daba su título y el derecho a gobernar. Poco se mencionó el término «Rey de Persia» hasta mucho más tarde en la historia, y puede que provenga del nombre utilizado por culturas de lejos para describir un territorio poblado por diferentes tribus persas. La primera mención del rey de Persia proviene de los registros babilónicos, quienes habrían reconocido el cambio de poder proveniente de uno de sus aliados más cercanos y poderosos.

Después de que Ciro II logró conquistar a los medos, comenzó a poner sus miras más lejos, específicamente hacia los reinos de Lidia y Babilonia. Pero le llevó casi tres años reunir a sus tropas y comenzar la campaña. Hubo resistencia a la conquista, lo que significa que algunos antiguos súbditos de los medos se resistieron a rendir su lealtad a Ciro II, lo cual requirió una operación militar. Pero cuando sintió que tenía la situación bajo control, se reorganizó y puso en marcha la campaña.

El reino de Lidia está situado al oeste de los medos en el centro de Turquía (la figura 3 muestra un mapa de cómo el Irán y la Mesopotamia del siglo VI pueden haber estado políticamente organizados antes del ascenso al poder de los persas).

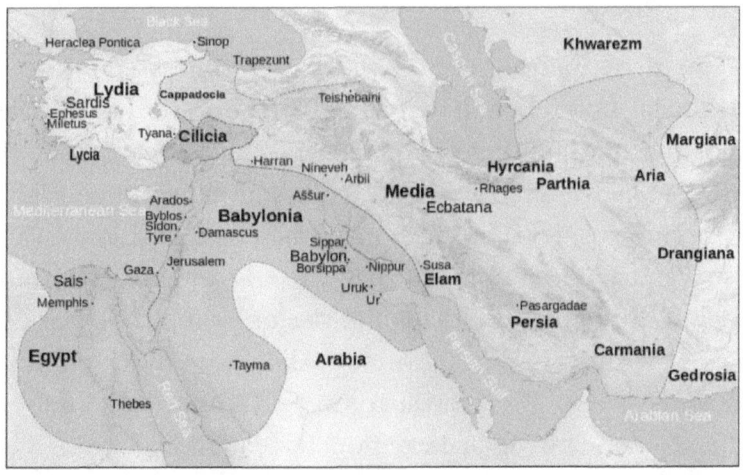

Aunque no era muy poderoso, el reino de Lidia estaba estratégicamente ubicado, en particular para sus vecinos occidentales más poderosos, es decir, Grecia y Egipto. Ambos veían a Lidia como un útil amortiguador entre ellos y los reinos más poderosos que tendían a salir de Mesopotamia. Es probable que no hubieran comprendido plenamente el alcance del poder persa en ese momento, pero después de tres siglos de gobernantes asirios, los líderes de los reinos egipcio y griego sabían que debían mantener la distancia. Como resultado, estaban dispuestos a ofrecer apoyo a los lidios cuando necesitaban ayuda para defenderse de los invasores orientales.

Unos 30 años antes del surgimiento de Ciro II, Lidia y los medos habían firmado un tratado para establecer la frontera de Halys, que dividía Asia Menor (la actual Turquía) entre los lidios y los medos (véase la figura 3 para encontrar la frontera entre estos dos reinos). Sin embargo, cuando Ciro conquistó a los medos en el año 550 a. C., los líderes de Lidia temían que Ciro II no cumpliera los términos del tratado.

Como resultado, el rey lidio de entonces, Creso, envió a buscar ayuda de los babilonios, egipcios y griegos. Y mientras tanto, lanzó un ataque contra Ciro II, violando efectivamente el tratado entre las dos naciones y pasando a la ofensiva como una forma de proteger a su pueblo y territorio.

Los registros indican que la primera respuesta de Ciro II fue intentar incitar una rebelión dentro del territorio de Lidia apelando a los jonios (término utilizado para describir a los griegos que vivían en Asia Menor), pero debió ser infructuosa, ya que en el año 547 a. C., Ciro II reunió sus tropas y entró en el territorio de Lidia, avanzando hasta su capital, Sardes, lo que provocó la muerte de Creso y la eliminación del reino de Lidia como nación independiente. Con esta victoria, el Imperio persa se extendió por todo el norte de Mesopotamia y Asia Menor, así como por la meseta iraní. Se estaba convirtiendo rápidamente la hegemonía de la región.

Lo interesante de la conquista de Lidia es que unió dos culturas muy diferentes. Cuando Ciro II tomó control de los medos, asumió el poder en una tierra llena de gente no tan distinta de la suya. Ambos hablaban idiomas iraníes; se veían relativamente similares, ya que ambos grupos tenían orígenes arios del norte; y practicaban la misma religión. Sin embargo, cuando Ciro conquistó a los lidios, puso bajo su control a personas que habían sido fuertemente influenciadas por la cultura y el pensamiento griegos. Esto implicaba un desafío para mantener el control de la región. Y también ayuda a mostrar por qué Ciro II se inclinó a tratar las costumbres o creencias griegas como inferiores a las suyas. Los persas y los griegos tienen una larga historia juntos definida por el conflicto y la rivalidad, y es posible que se deba al choque cultural inicial que Ciro II experimentó al entrar en Asia Menor y reclamar las tierras de Lidia como parte del Imperio persa.

Solidificando el control: La conquista de Babilonia

Tras controlar de los lidios, Ciro II había logrado aumentar considerablemente el tamaño del Imperio persa. Su esfera de influencia en el 547 a. C. incluía la meseta iraní y sus territorios circundantes, incluyendo las tierras previamente controladas por los medos, así como el reino de los lidios. En este punto de la historia, sin embargo, Neo-Babilonia y Egipto permanecían independientes, pero pronto tendrían que enfrentarse a los avances del poderoso ejército de Ciro II.

Egipto probablemente se sentía más seguro ya que una invasión a su territorio requería que Ciro II y su ejército cruzaran Siria y Fenicia, territorios aún leales al trono babilónico. Sin embargo, el rey babilonio reconocía el peligro.

Pero transcurrieron casi siete años para comenzar la lucha. No está claro qué hizo Ciro II durante aquellos años. Continuar el avance hacia el sur desde Lidia hasta Babilonia tenía sentido, pero algo lo distrajo. Se especula que debió atender asuntos en las partes orientales del recién formado imperio, pero los hechos no han sido confirmados.

Parece que cuando Ciro II finalmente organizó el ataque a Babilonia en el 540 a. C., el tiempo transcurrido entre las dos campañas le permitió prepararse adecuadamente para la invasión. Ciro II marchó a Babilonia y fue capaz de proclamarse rey aquel año, lo cual significa que para el 539 a. C., el Imperio neo-babilónico había caído.

Parte de la causa del enorme éxito de la invasión de Ciro fueron las luchas internas entre los diferentes gobernantes de Babilonia. Una antigua fuente de conflicto en los asuntos babilónicos eran los caldeos. Este grupo étnico afirmaban ser los «verdaderos babilonios», y usaban estas afirmaciones para atribuirse el poder sobre la tierra. Sin embargo, otros grupos no veían las cosas de la misma manera, y hubo constantes luchas entre los caldeos y otros grupos étnicos a lo largo de la historia de Babilonia. Ciro II incitó el sentimiento anti-caldeo en su invasión y así ganó el apoyo de muchos ciudadanos babilonios, lo cual facilitó la invasión.

Pero Ciro II debió reconocer que, aunque ahora era rey de Babilonia, mantener el título requería de un fuerte control sobre un grupo de personas que fue muy poderoso. Como resultado, se instaló en el palacio de la realeza babilónica, añadió el título de rey de Babilonia al suyo, y también nombró a su hijo, Cambises, gobernador de Babilonia, para tener un control más estricto de la región.

Conclusión: La muerte de Ciro II

Después de la exitosa conquista de Babilonia, el siguiente objetivo lógico era Egipto al oeste. El control de Babilonia le dio a Ciro II el derecho a reclamar tierras sirias y fenicias, y parecía que enfrentaría poca resistencia para solidificar el control en aquellas regiones. Pero esta expansión hacia el oeste no ocurrió en vida de Ciro II. Sus últimos diez años de reinado los pasó construyendo su nuevo imperio y consolidando su poder, y cuando murió en el 529 a. C., su hijo Cambises asumió el cargo de rey de Persia. Sería él quien entraría en Egipto.

Es importante poner en perspectiva los logros de Ciro II como conquistador. En solo 30 años, Ciro II unificó las tribus persas en un esfuerzo por lograr autonomía de los gobernantes medos. Inmediatamente después se embarcó en una campaña de expansión que rivaliza con cualquier otra en la historia. En el momento de su muerte, los imperios medo, lidio y babilónico, algunos de los más poderosos del mundo antiguo, habían sido borrados de la faz de la tierra para siempre, y estaban controlados por Ciro y su recién fundado Imperio persa. Esta notable expansión explica por qué los historiadores persas llaman a su primer líder Ciro el Grande.

Capítulo 3 - La Gloria del Imperio Aqueménida: Cambises y Darío

Ciro II, o Ciro el Grande, unificó a Persia y luego emprendió conquistas militares que la convertirían en el mayor imperio de Asia occidental del momento. Sin embargo, como cualquier estudiante de historia antigua sabe, una conquista exitosa no significa un imperio exitoso. Cuando las tierras y los reinos han sido subyugados, sigue un período de consolidación en el cual los reyes se establecen como verdaderos gobernantes de un territorio.

A menudo esto no corresponde al trabajo del rey conquistador. Suelen ser sus sucesores quienes consiguen fortificar las conquistas, y esto determina si las conquistas dan lugar a la formación de un imperio capaz de durar más de una generación o si desaparecen en los anales de la historia como un simple desvío en el camino hacia el poder de otra civilización.

Los dos reyes que vinieron después de Ciro II, su hijo, Cambises II, y Darío I, pretendiente potencial que consiguió la corona persa a pesar de enfrentarse a frecuentes insurrecciones, pudieron perpetrar los éxitos del primer emperador persa. Cambises II consiguió expandir aún más el imperio, y luego Darío I, que gobernó durante mucho más tiempo, fortaleció estas conquistas y estableció una administración imperial que pondría a Persia en una posición de hegemonía duradera. La dinastía aqueménida comenzó con unos pocos reyes que gobernaban una tribu persa, pero al final del gobierno de Darío I, era una de las dinastías más poderosas en la historia de Persia y de todo el mundo antiguo.

El reinado de Cambises II

Cuando el hijo de Ciro II, Cambises, subió al trono en el 529 a. C., el siguiente paso obvio para el Imperio persa era continuar hacia el oeste. Egipto fue durante mucho tiempo una posesión muy apreciada para las civilizaciones de Mesopotamia e Irán. Los reyes de Asiria y de Babilonia buscaron tener el territorio egipcio bajo su control, y aunque ambos lo lograron, ninguno pudo mantener el poder por mucho tiempo.

Así que, con Cambises a la cabeza del imperio más poderoso de Asia occidental, dirigirse a Egipto como su próximo objetivo de conquista era apenas lógico. Sin embargo, al igual que su padre, no comenzó la campaña hasta tres años después de asumir el control del imperio. No está claro lo qué hacía, pero se cree que las tensiones en las fronteras orientales del Imperio persa lo mantuvieron ocupado en otros lugares.

Pasando por Palestina y Siria, Cambises y su ejército cruzaron Gaza hacia el oeste para comenzar la invasión de Egipto en el 525 a. C. Su primer objetivo fue la ciudad de Pelusio, que albergaba un ejército egipcio. Tras una victoria decisiva las fuerzas egipcias se retiraron a la cercana Memphis, la capital en aquel momento. Los persas asediaron la ciudad, lo cual terminó en su desaparición. El rey egipcio, Psamético III, fue capturado, y Cambises fue reconocido oficialmente como el rey de Egipto.

Tras esta victoria, Cambises continuó su campaña en Egipto y otras partes de África. Los reinos de Libia y Cirene se sometieron a Cambises, ampliando su círculo de influencia al oeste. Y empleando a Tebas como base, envió una fuerza masiva para seguir el río Nilo hacia el sur hasta Etiopía. La mayoría de los historiadores piensan que buscaba extender el control persa hasta Cartago (la actual Túnez), hacia Etiopía y hacia el Oasis de Ammón, conocido hoy como el Oasis de Siwa (Siwah) (ver figura 4).

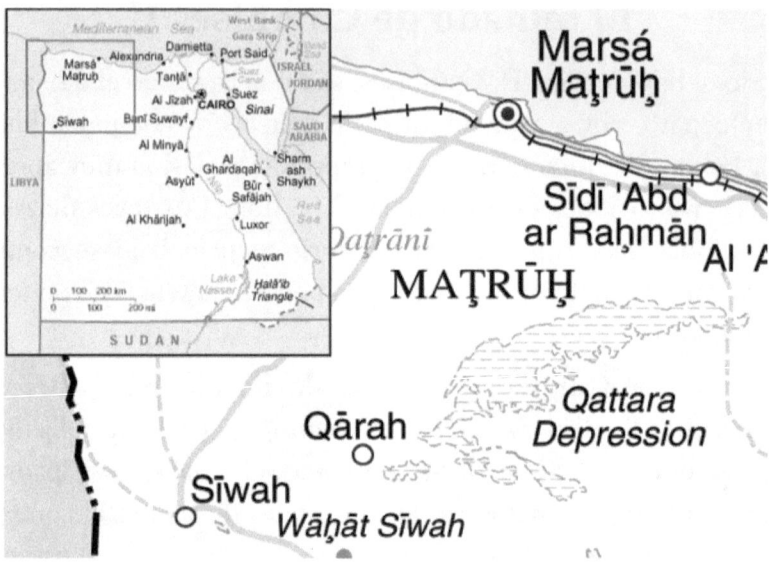

A pesar de que la sumisión de Libia y Cirene acercó a Cambises a Cartago y Siwa, no llegó hasta allá. La fuerza que envió fue detenida, y la mayoría de los registros indican que sucumbieron ante el desastre, muy probablemente una tormenta de arena. El propio Cambises quedó paralizado en su invasión a Etiopía. A pesar de una gran fuerza de 50.000 hombres, Cambises nunca logró llegar a la capital etíope de Meroe, lo cual era necesario si quería reclamar el control del territorio. No está claro exactamente por qué Cambises no pudo llegar hasta el final, pero se cree que una combinación del clima cálido y húmedo del río Nilo y la falta de suministros adecuados era una carga considerable para Cambises y sus soldados. No obstante, Cambises había hecho importantes anexiones al Imperio persa, cuya influencia se extendió por todo Egipto y sus vecinos más poderosos, Cartago y Etiopía, aunque estas potencias seguían disfrutando de su independencia.

El ascenso de Darío

Cambises murió en el 522 a. C., solo siete años después de que asumir el trono. Pero en este corto tiempo, logró expandir el Imperio persa hasta su mayor tamaño, lo cual significaba que su sucesor se haría cargo de un imperio en crecimiento.

Su muerte generó una importante agitación dentro del imperio con un gran efecto para su historia. Para entenderlo, es necesario situar la muerte de Cambises en un contexto amplio. Específicamente, hay que entender los derechos al trono en la Antigua Persia y el árbol genealógico de la familia gobernante, pues jugaba un gran papel en la estabilidad del imperio.

Para empezar, hay que recordar que Cambises y Ciro II forman parte de la dinastía aqueménida, que recibe su nombre del clan aqueménida, el más poderoso y líder de la tribu de Pasargada, al cual se atribuye la fundación de la ciudad de Pasargada y también la unificación de las diferentes tribus persas dispersas por la meseta iraní. El nombre de Aqueménida probablemente viene de Aquémenes, que habría sido el tatarabuelo de Ciro II. La figura 5 muestra el árbol genealógico de los aqueménidas.

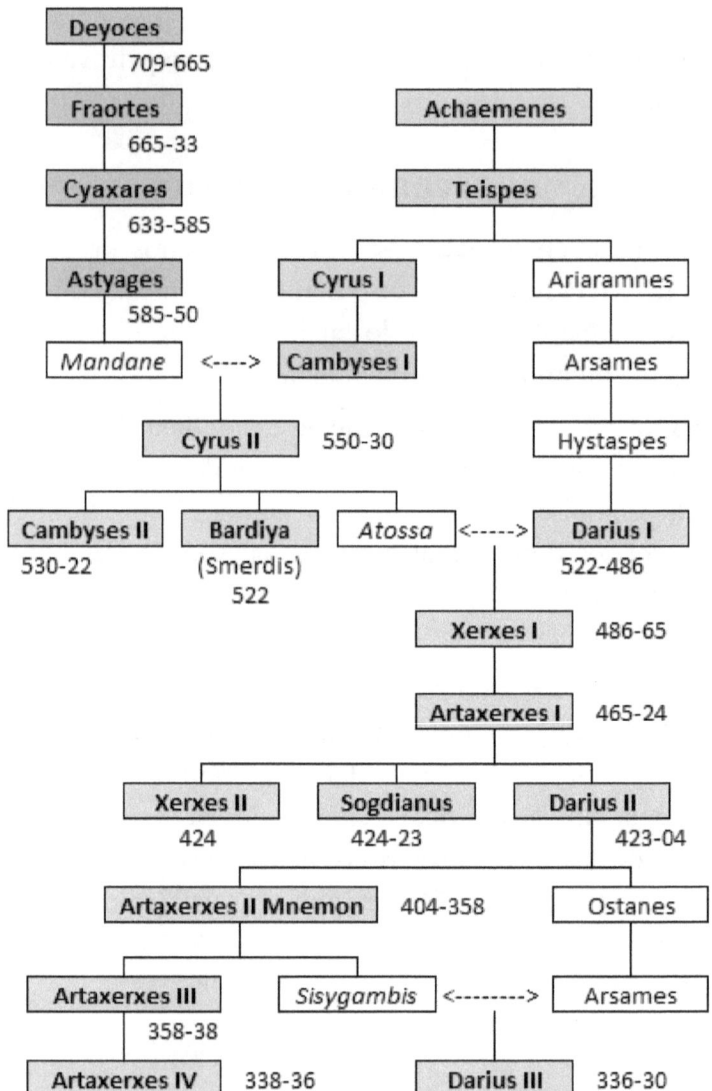

Como resultado, la legitimidad de cualquier persa para reclamar el trono dependía de su habilidad para rastrear su linaje a través del árbol genealógico de los aqueménidas hasta el mismo Aquémenes. La figura anterior muestra que Ciro II tuvo tres hijos, Cambises II, quien sucedería a Ciro II y ampliaría sus logros imperiales, Bardiya, y Atosa, que era una mujer y por lo tanto descalificada para relevar a su padre.

Bardiya murió en el 522 a. C., el mismo año en que murió Cambises y Darío I se hizo rey. Pero las circunstancias que rodean su muerte no están claras. Algunas leyendas dicen que Cambises II perdió la cabeza y mató a su hermano, y luego murió por una herida de guerra. Otros relatos difieren y sugieren que murió por causas naturales. Sin importar qué pasó, el punto principal es que Cambises II murió sin un heredero claro, lo que naturalmente llevó al imperio a la confusión, ya que diferentes personas trataron de hacer valer su derecho a gobernar.

Dos hombres reclamaron el trono: Darío I y un hombre llamado Guatama, quien presumiblemente era un miembro de la nobleza persa que no tenía ninguna conexión real con la línea aqueménida. Ambos hombres acusaron al otro de usurpador. Guatama afirmaba que él era Bardiya, y por lo tanto el verdadero heredero de Ciro II y del trono persa. Sin embargo, Darío I afirmaba que Guatama fingía ser Bardiya, pues Bardiya estaba muerto, y que se aprovechaba de la ignorancia persa respecto a su muerte para legitimar su reclamo del trono. Como Darío I era el pariente vivo más antiguo de Aquémenes, pensaba que esto era suficiente para justificar su derecho al trono.

Aunque Darío I se mantuvo firme en que el hombre que afirmaba ser Bardiya era un impostor, al principio no pudo convencer de su versión a muchas regiones bajo control persa. Varios reinos, como Babilonia, Lidia y Media, prometieron lealtad a Guatama/Bardiya al principio. Sin embargo, en el año 522 a. C., junto con la ayuda de varios nobles persas, Darío asaltó la capital de Guatama y lo mató, eliminando su reclamo al trono para poder afirmarse como soberano persa. Pero debido a que tantos reinos dentro del Imperio persa habían declarado su lealtad a Guatama/Bardiya, aquel evento desencadenó una serie de revueltas que definieron las primeras etapas del gobierno de Darío I.

Aunque breve, el reinado de Guatama fue bastante peculiar, en gran parte porque, aunque Darío consideraba que Guatama era un pretendiente, lo reconoció como rey de la tierra. Al escribir después de la muerte de Guatama, Darío menciona cómo tomó «su reino», sin hacer referencia a su derecho a un reino que creía legítimamente suyo. Algunos estudiosos han especulado que esto prueba que Darío I era el pretendiente y que Guatama era en realidad Bardiya y por lo tanto un rey legítimo, pero nadie ha podido confirmar esta teoría.

Es probable, sin embargo, que Darío I procediera de tal manera en respuesta a la popularidad de Guatama. Para intentar congraciarse con la gente del Imperio persa, esperando convencerlos de que le juraran lealtad y aceptaran su gobierno, Guatama concedió enormes libertades a la nobleza y al pueblo persa.

Por ejemplo, concedió a todos los habitantes de los territorios conquistados la libertad de realizar el servicio militar y de recibir tributos durante tres años, lo cual fue bien recibido por todos. También se propuso construir templos de acuerdo con las diversas religiones dentro de la región y trabajó con los nobles y otras familias poderosas de todo el imperio que perdieron su estatus con la conquista pero que estaban interesados en recuperar su posición de prominencia. Todos estos movimientos significaron que Guatama, aunque un «falso» gobernante en el sentido de que no tenía relación directa con Ciro, se hizo bastante popular.

Como resultado, cuando Darío I logró matar a Guatama y colocarse en la cima del trono persa, se encontró en una posición de necesidad desesperada de consolidar su poder, proceso que definiría en gran medida la primera parte de su gobierno. Muchos líderes, como los de Babilonia, vieron el momento adecuado para liberarse del dominio persa y obtener su independencia. Así, a partir del año 522 a. C. y durante los tres años siguientes, Darío I se ocupó principalmente de derrotar las diversas rebeliones que estallaron en todo el imperio y de confirmar su posición como el único rey persa. Más tarde, cuando logró someter las diferentes partes del imperio bajo su control, se casó con Atosa, la hija de Ciro, y los hijos que tuvieron juntos continuaron la línea de los aqueménidas.

Darío el Conquistador

A diferencia de sus dos predecesores, Darío I no estaba tan preocupado por la expansión del imperio. Las circunstancias de su ascenso dictaminaron la necesidad de pasar un tiempo considerable haciendo campaña en el interior del imperio para consolidar la monarquía. Pero cuando logró asegurar el poder, quiso extender las fronteras persas en la región. Sin embargo, sus conquistas fueron mucho más modestas que las de los dos reyes que le precedieron, y las de los más prominentes que le siguieron.

Al tomar el trono, Darío I tuvo que enfrentarse inmediatamente a la rebelión. Sus argumentos implicaban que no todas las provincias del imperio lo apoyaban. Como resultado, su primer orden del día era atender a la inquietud en Susiana, nombre dado al territorio del previo reino de Elam, el cual se hallaba en plena rebelión.

(La figura 6 muestra dónde estaba Susiana en relación con Persia y su capital en Pasargada).

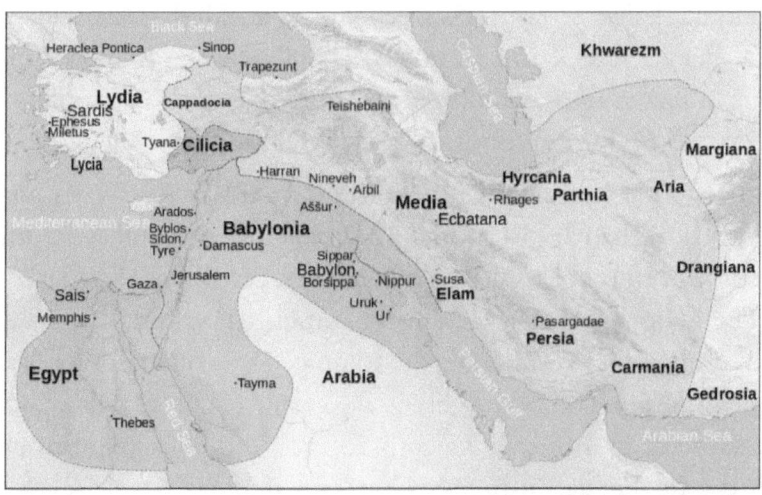

Sin embargo, esta revuelta no duró mucho tiempo, y Darío pudo sofocarla enviando un ejército a la ciudad. Confió esta campaña a sus generales y no los acompañó, lo cual sugiere que no consideraba altas las posibilidades de ser derrotado.

La siguiente revuelta a la que tuvo que enfrentarse capturó toda su atención. Babilonia, que había declarado su lealtad a Guatama, esperaba aprovechar este clima de inestabilidad política a su favor y recuperar su independencia de los persas. Y como Babilonia era una ciudad poderosa en la región que cualquier emperador en búsqueda de expansión necesitaba controlar, Darío I la consideró una rebelión mucho más importante.

Darío I reunió y dirigió un ejército a Babilonia para sofocar la rebelión y establecerse como el verdadero gobernante de la tierra. Y aunque los babilonios opusieron una resistencia más fuerte que los susianos, su rebelión no duró mucho tiempo, y para el 521 a. C. renunciaron a reclamar su independencia y declararon lealtad a Darío I, lo cual convirtió a Babilonia en una provincia del Imperio persa de nuevo.

Durante el siguiente año más o menos, Darío I se vio absorto en sus intentos de consolidar el poder y someter los reinos conquistados por Ciro y Cambises firmemente bajo su control. Además de Susiana y Babilonia, Darío se enfrentó a rebeliones en Media, Armenia y en la propia Persia. Las familias que se habían alineado con Guatama también utilizaron este momento histórico como oportunidad para obtener más poder y autonomía dentro del imperio.

Debido a las constantes rebeliones durante los primeros años del gobierno de Darío I, tan pronto se dirigía a una esquina del imperio para sofocar una rebelión, otra estallaba en otro lugar. La mayor parte de su reinado lo pasó cruzando el imperio tratando de sofocar las diversas rebeliones resultantes del intento de Guatama de reclamar el poder. Sin embargo, los esfuerzos de Darío I fueron muy exitosos, y pudo someter el territorio bajo su control y establecerse firmemente como rey de Persia. Y para aclarar aún más las cosas, se casó con Atosa, hija de Ciro II, por lo cual sus hijos podrían argumentar que eran descendientes directos del famoso rey y por lo tanto gobernantes legítimos de Persia.

La otra gran preocupación del gobierno de Darío I fue Egipto. Después de su reciente conquista por Cambises, dependía de Darío I mantener el poder sobre Egipto de cualquier manera posible. Y debido a que Egipto era considerado un territorio conquistado, la principal táctica para mantener el control político era la fuerza. El propio Darío I no pasó mucho tiempo en Egipto, estaba demasiado ocupado trabajando para mantener el control de otras tierras imperiales, pero dedicó bastante energía militar a la región. Designó a un general y a un almirante para liderar el ejército y la flota naval estacionada en Menfis, con la tarea de mantener el dominio persa mientras Darío se ocupaba de otro lugar.

Sin embargo, a pesar de que la fuerza era la principal táctica para consolidar el poder en Egipto, Darío puso en práctica otras políticas que demostraban su comprensión de la dificultad de mantener esta gran potencia subyugada al dominio persa. Por ejemplo, permitió un nivel bastante alto de tolerancia religiosa, dando a los egipcios rienda suelta para practicar su religión, un importante respiro de las políticas intolerantes de Cambises.

Darío I también realizó inversiones considerables en el bienestar económico de Egipto, principalmente mediante la construcción de canales y presas. La más destacada fue un canal que conectaba el Nilo con el mar Rojo, una apertura comercial importante para los egipcios. Darío también limitó las exigencias de tributo a los reyes egipcios, lo cual reducía el peso de vivir bajo el dominio persa para impedir que la gente intentara rebelarse. Estas políticas ayudaron a Darío I a mantener a Egipto relativamente sometido, mientras que su atención se ocupaba de otras partes del imperio.

Debido a que Darío tuvo que pasar tanto tiempo lidiando con rebeliones dentro del imperio, pasó poco tiempo expandiendo sus fronteras. Es un tema común al estudio de los grandes imperios a lo largo de la historia: el imperio se expande con uno o dos reyes, y los sucesores tienen la tarea de consolidar esas conquistas y reforzar el control sobre los territorios.

Sin embargo, Darío I consiguió ampliar ligeramente las fronteras del Imperio persa, aunque es mejor pensar estas conquistas como reconquistas de territorios tomados por Ciro o Cambises, pero que se liberaron del control persa cuando Cambises murió.

Como muestra la figura 7, acercó la influencia persa a Cartago, aunque no llegó hasta allí. Y también logró expandirse hacia el oeste a través de Turquía, llevando a los persas a la frontera norte del territorio griego. Este movimiento definiría la historia persa de muchas maneras. El siguiente rey, Jerjes, pasó la mayor parte de su tiempo intentando conquistar Grecia, y las guerras greco-persas tuvieron una gran influencia en la historia persa y mundial.

Pero tal vez los logros importantes de Darío como conquistador tuvieron lugar en las fronteras orientales del imperio. Sus ejércitos llegaron hasta el río Indo, y Darío pudo imponer tributos a los reyes que gobernaban aquellos territorios, llevando a los persas más lejos de lo que nunca antes llegaron.

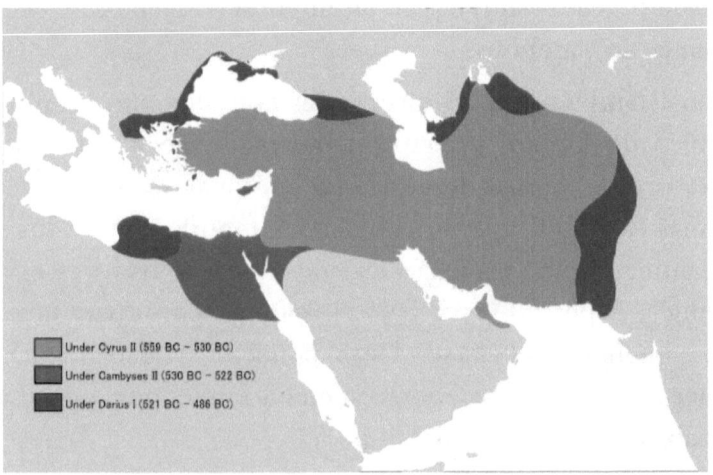

Las guerras greco-persas

Por ser los dos reinos más poderosos de Asia occidental y la Medialuna Fértil, la historia griega y persa, especialmente durante la dinastía aqueménida, están estrechamente entrelazadas. Grecia siempre fue un objetivo para los conquistadores persas de la dinastía aqueménida, en gran medida porque, junto con Egipto, era la más avanzada culturalmente de la región. El éxito de Ciro II y Cambises II en la invasión dieron a Darío I la esperanza de poder finalmente conquistar las ciudades-estado griegas y ponerlas bajo el control del Imperio persa.

Sin embargo, los griegos tenían otros planes, y la serie de batallas y revueltas que tuvieron lugar durante la primera mitad del siglo V a. C. se conocen como las guerras greco-persas. Varias ciudades y reinos se alinearon con cada bando, convirtiendo este conflicto en una guerra sangrienta y duradera que remodelaría drásticamente las estructuras de poder en la región y, posteriormente, la historia de ambas civilizaciones.

Para entender esta guerra, que se comprende mejor como una serie de conflictos militares intensificados entre Grecia y Persia (podríamos verla como una serie de guerras, pero en el contexto histórico todas pertenecen a un mismo conflicto), es importante recordar la naturaleza de Grecia en aquel momento. Aunque los griegos pronto formarían uno de los imperios más grandes en la historia del mundo, en aquel momento no existía una Grecia unificada. En cambio, Grecia era una combinación de ciudades-estado que compartían un idioma. El comercio era una característica definitoria de la temprana civilización griega, con estas grandes e influyentes ciudades-estado realizando un considerable comercio entre ellas. Debido a esto, varias de estas ciudades-estado se hicieron bastante ricas y poderosas, dificultando a los persas ejercer un control efectivo sobre ellas.

Generalmente, el año 499 a. C. se considera el comienzo de las guerras greco-persas. Fue el año en que Aristágoras, el rey tirano de la ciudad-estado griega Mileto, ubicada en la costa occidental de Anatolia, combinó fuerzas con Darío I para invadir y conquistar la isla de Naxos. Fracasó, y Aristágoras sabía que Darío I probablemente lo castigaría y tal vez lo removería del poder a causa de su fallida campaña militar. Por lo tanto, intentando retener el poder, Aristágoras se volvió contra Darío I y animó a todos los pueblos del Asia Menor helénica (griega) a rebelarse contra los persas. Tuvo mucho éxito, y así inició el período conocido como las Revueltas jónicas, que duró hasta el 493 a. C.

Estas revueltas no terminaron sin causar un serio daño al poder persa en la región. Aristágoras fue capaz de conseguir el apoyo militar de Atenas y Eritreapara sus acciones, y juntos lograron saquear y quemar la capital persa en Asia Menor, Sardes.

Este movimiento obviamente desató la ira de Darío I, quien se dispuso a vengar su territorio perdido. Como Atenas y Eritrea se habían unido a Aristágoras en el ataque, pusieron a la Grecia continental en la mira del rey persa. El primer objetivo de la campaña de Darío I fue Mileto, el centro del poder de Aristágoras, y tras varios años de estancamiento, Darío I logró vencer a los jonios (término utilizado para los griegos asentados a lo largo de la costa occidental de Asia Menor) en la decisiva batalla de Lade.

Decidido a castigar plenamente a los responsables de la agitación política en Jonia y Asia Menor, Darío I comenzó a planear una invasión a gran escala de Grecia con el objetivo de conquistar Atenas y Eritrea por prestar apoyo a Aristágoras. Darío I encargó el liderazgo de la campaña griega al general Mardonio, quien logró que las ciudades de Tracia y Macedonia volvieran al control persa. Luego fue derrotado y detenido en su avanzada en el 490 a. C.

Los persas se hicieron a la mar y navegaron a través del Egeo, y durante esta campaña lograron conquistar las Cícladas, e incluso capturaron Eritrea, quemándola hasta los cimientos. Tras entrar en territorio griego menos de 10 años después del comienzo de las revueltas jónicas, los persas continuaron su marcha hacia Atenas. Sin embargo, se encontraron con los atenienses y lucharon en la batalla de Maratón, que los griegos ganaron, deteniendo eficazmente a los persas en su camino. La figura 8 muestra un mapa de los diversos movimientos de los ejércitos persa y griego durante las revueltas jónicas y las subsiguientes guerras greco-persas.

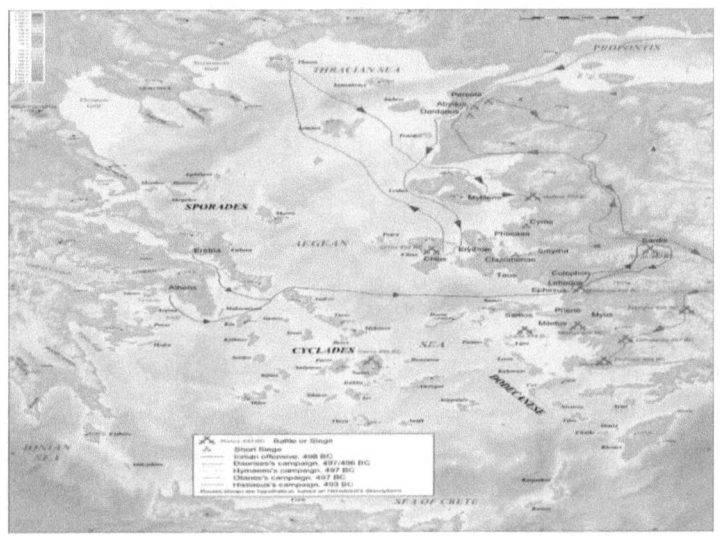

Después de su derrota en la batalla de Maratón, Darío I comenzó a reunir fuerzas para un segundo intento de invasión, pero murió en el 486 a. C., dejando la responsabilidad de la conquista griega a su hijo Jerjes. Estos eventos tuvieron un impacto significativo en el futuro de los griegos y de los persas. Por un lado, ayudó a solidificar el sentimiento anti-persa entre los griegos. Por ejemplo, Esparta, que había permanecido relativamente neutral durante los conflictos, declaró su deseo de liberar al pueblo griego de las molestias persas. Se unieron a Atenas y otras ciudades-estado griegas para formar la Liga de Delos, que desempeñaría un papel crucial en el intento de socavar el poder persa en todo su imperio incitando a la rebelión y a la guerra.

La Liga de Delos estuvo activa durante los siguientes 30 años aproximadamente, y su parte en la historia terminó cuando la Liga fracasó en incitar un golpe efectivo en Egipto. Hacia el 450 a. C., las guerras greco-persas se enfriaron lentamente y finalmente terminaron, pero no sin que ambas culturas influyeran dramáticamente en la historia de la otra. El reinado de Jerjes estaría casi totalmente definido por sus campañas contra Grecia, pero este período de la historia persa se entiende mejor en el contexto del gobierno de Jerjes, lo cual se discute en detalle en el siguiente capítulo.

Darío I el Rey

Aunque los logros de Darío I como conquistador no son tan impresionantes como los de sus predecesores, esto no fue lo más importante de su reinado. Posiblemente debido a las luchas que enfrentó para consolidar y establecer su poder, Darío I estaba particularmente preocupado por la organización del imperio y por establecer sistemas e instituciones que facilitaran tanto a él como a los futuros reyes el dominio de su territorio. Lo que Darío I ideó terminó siendo una forma bastante avanzada de organización política que continuaría utilizándose incluso después de la caída de la dinastía aqueménida a manos de Alejandro Magno y los griegos en el siglo IV a. C.

La primera decisión que Darío I tomó como rey en términos de la organización del imperio fue qué tipo de gobierno usar. Darío I reunió a sus asesores más cercanos para discutir cuál sería la mejor manera de establecer y mantener el control sobre lo que se había convertido en un vasto y expansivo imperio. Darío I estaba a favor de una monarquía, mientras que algunos de sus asesores abogaban por una república, y algunos incluso apoyaban la idea de una oligarquía. Al final, Darío I convenció al consejo, y el gobierno persa se convirtió oficialmente en una monarquía absoluta con Darío I como su soberano. Esta monarquía sería hereditaria, lo cual era importante para los persas en ese momento, como se ve en el intento de Darío I y Guatama de demostrar su linaje aqueménida.

La siguiente decisión fue dónde ubicar su capital. Pasargada fue la capital de Ciro II, pero poco después de ascender al trono, Darío I comenzó a construir palacios y templos en Persépolis en el año 521 a. C., que no estaba muy lejos del norte de Pasargada. Parte de la razón por la cual estos dos reyes eligieron construir sus capitales en esta región es que se consideraba el territorio central de Persia. Elegir estos lugares como el centro del imperio era una fuente de gran orgullo para los persas que vivían en ese territorio, y dado que los reyes persas dependían de ellos para formar sus vastos ejércitos y llevar a cabo sus extensas campañas militares, complacerlos era una prioridad máxima tanto para Ciro II como para Darío I.

Pero, aunque tenía sentido simbólico y cultural construir la capital persa en lo profundo del corazón de Persis, no tenía mucho sentido en términos de la administración del imperio. Ambas ciudades estaban escondidas entre el terreno montañoso de la meseta iraní, lo que dificultaba su conexión con el resto del imperio. Por ello, Darío I comenzó a construir otra capital al mismo tiempo que construía Persépolis.

Esta ciudad, Susa, situada en el noroeste de Irán, estaba mucho más cerca de los grandes centros políticos y culturales del Imperio persa, Babilonia y Ecbatana (la antigua capital del Imperio medo, ciudad importante para la administración del imperio y las tierras anteriormente controladas por los medos). Habría sido mucho más fácil conectar Susa con la red de carreteras construida a lo largo de Asia occidental, lo cual facilitaba al monarca la comunicación con sus generales y gobernadores, extendidos por todo el territorio controlado por los persas. Sin embargo, Persépolis seguiría siendo el centro cultural del imperio, y aunque Darío I eligió ser enterrado allí, casi no paso tiempo en aquella ciudad.

La otra acción importante de Darío I fue organizar el imperio en satrapías, que eran esencialmente provincias. La mayoría de los registros indican que Darío creó 20 satrapías diferentes en todo el imperio, las más prominentes se hallaban en Egipto (Menfis), Babilonia, Arabia, Asia Menor (la actual Turquía), Ecbatana y Media, y Bactria, que es el territorio al noreste de Persia en el actual Afganistán. La figura 9 muestra un mapa de cómo se veía el Imperio persa durante el gobierno Darío I. En esta época, la Persia controlada por la Dinastía Aqueménida estaba en su punto más álgido de la historia.

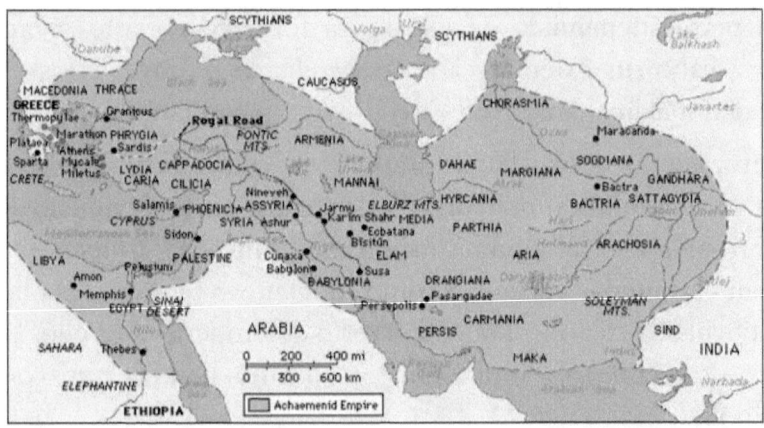

La división de la administración en provincias no era nada nuevo, pero Darío I hizo dos cosas que lo diferenciaron y le ayudaron a asegurar un mayor control del poder. Primero, les dio a los sátrapas (los líderes de las satrapías) una libertad bastante grande respecto a la administración de sus provincias. La palabra del rey era ley en todo el país, y los sátrapas podían hablar en nombre del rey, por lo que eran los jueces más altos de la región. Además, las satrapías eran responsables e independientes para asegurar su territorio. Las revueltas o rebeliones eran tratadas directamente por los sátrapas, y esto puede haber permitido respuestas más eficaces. Los anteriores imperios de la región, como Asiria, enviaban campañas militares y deportaban gran número de personas cada vez que había una rebelión. Pero los persas preferían una respuesta más local, lo cual ayudó a disminuir las hostilidades hacia el rey en Persia.

La segunda decisión de Darío I para establecer sus satrapías y su gobierno fue promulgar una política de tolerancia religiosa. El Imperio persa en la época de Darío I se extendía hasta Asia Menor e incluso abarcaba partes de la Grecia continental, Egipto, Libia y Sudán, pasando por Arabia y Mesopotamia, hasta llegar al río Indo. Como resultado, había una gran diversidad en términos de tradiciones culturales y religiosas. Y en lugar de intentar aplastarlas y sustituirlas por costumbres persas, Darío I dejó intactas las culturas de los pueblos e incluso contribuyó a su crecimiento ayudando a construir templos y otros edificios para facilitar los cultos.

Estas dos características del gobierno persa -la descentralización y la tolerancia- no fueron parte importante de otros gobiernos de Asia occidental, y es probable que hayan contribuido a la dominación persa. Los anteriores imperios de la región, como Asiria o Babilonia, sufrieron al intentar mantener la estabilidad política en gran medida debido a la gran diversidad regional. Sin embargo, Darío I pudo establecer un sistema que dejó intactas las costumbres regionales y que también le permitió afirmar fácil y eficazmente su poder sobre los diversos dominios del imperio.

Conclusión

No se puede pasar por alto la importancia de los reinados de Cambises II y Darío I. Aunque Cambises II solo gobernó siete años, tuvo éxito al continuar el trabajo de su padre, Ciro el Grande, en la expansión de las fronteras del imperio hacia el oeste en África y partes del sudeste de Europa. El gobierno de Darío I, mucho más prolongado, aunque algo menos accidentado, ayudó a consolidar estos logros y a establecer un sistema de gobierno que permitiría al Imperio persa florecer como la mayor potencia de Asia occidental. En el momento de la muerte de Darío I y el ascenso de su hijo Jerjes, el imperio estaba en su punto más álgido y preparado para continuar su crecimiento.

Sin embargo, el poder de la dinastía aqueménida estaba llegando rápidamente a la cúspide, y poco tiempo después comenzaría a desmoronarse hasta finalmente caer en el siglo IV a. C. ante los griegos. Lo cual no sucedería hasta después de que los persas lograran consolidarse como una potencia regional resistente al paso del tiempo y contribuyeran significativamente al desarrollo cultural no solo de la región, sino de todo el mundo antiguo.

Capítulo 4 - El principio del fin: El reinado de Jerjes y la caída de la dinastía aqueménida

Quizás el más famoso de todos los reyes persas, Jerjes el Grande subió al trono después de su padre. Dos generaciones de gobierno, comenzando con Ciro II hasta Darío I, habían expandido el Imperio persa hasta su punto más álgido. Era sin duda la civilización más poderosa de Asia occidental, y las guerras greco-persas indicaban que Europa tampoco estaba a salvo. Sin embargo, Jerjes difería de algunas de las políticas promulgadas por su padre. Esto ayudó a amplificar su poder e importancia, pero también aumentó la posibilidad de revueltas y disensiones regionales, una «piedra en el zapato» de casi todos los gobernantes antiguos.

Como resultado del cambio de la política diseñada para consolidar el poder, el poder de los persas, o más específicamente de los aqueménidas, empezó desaparecer muy ligeramente, a pesar de que Jerjes heredó un imperio en su apogeo. No perdió una porción importante de territorio, pero tampoco obtuvo grandes ganancias. Y su famoso fracaso al invadir Grecia y Europa alteró dramáticamente el curso de la historia persa. Pero a pesar de sus excentricidades y sus modestos éxitos, Jerjes era el hombre más poderoso de toda Asia occidental, y se le considera uno de los reyes más formidables de la historia de la humanidad.

Jerjes sube al trono y asegura el imperio

La tradición persa indicaba que el rey debía nombrar a su sucesor antes de embarcarse en una larga campaña militar, por lo cual la decisión de nombrar a Jerjes príncipe heredero se tomó cuando el hijo de Darío I era todavía un niño. La decisión de nombrar a Jerjes su heredero fue sorprendente porque Jerjes no era el hijo mayor de Darío I, ya que la tradición persa exigía nombrar al hijo mayor heredero de la riqueza y los títulos del padre. Esto se debió a que el hijo mayor de Darío I no nació en la realeza. Nació de una relación que Darío I tuvo con una plebeya antes de que se convirtiera en rey. Pero poco después de ganarle el trono a Guatama el pretendiente, Darío I se casó con la hija de Ciro II, Atosa, y su primer hijo, Jerjes, fue considerado el hijo mayor de Darío I, lo cual lo convirtió en la elección ideal para hacerse cargo del reino.

Como príncipe heredero, Jerjes dirigía la satrapía de Babilonia. Se le dio el título de rey de Babilonia, y este fue su entrenamiento para cuando eventualmente se convirtiera en rey de todo el imperio.

Algunos de los comportamientos de Jerjes, como la reutilizar edificios religiosos en Persépolis para convertirlos en harenes, sugieren que el reino persa estaba empezando a madurar. Tres reyes consecutivos fueron capaces de conquistar y mantener grandes extensiones de territorio, lo cual le permitió a la realeza enriquecerse bastante. Gastaron estas riquezas construyendo sus ciudades y palacios para que se ajustaran al esplendor del gran imperio.

Pero solo porque el poder y tamaño del Imperio persa crecieron significativamente desde los tiempos de Ciro II, no significa que Jerjes heredara un país unificado y en paz. Las campañas de su padre en Grecia se estancaron tras su derrota en la batalla de Maratón, y mientras se reagrupaba para una segunda invasión estalló una revuelta en Egipto. Y al este, los bactrianos, llamados así por la provincia de Bactra, región situada al este de Persia en las actuales naciones de Afganistán, Uzbekistán y Tayikistán, también empezaron disturbios y amenazaban con intentar liberarse del dominio persa.

Debido a su proximidad, a las revueltas en Egipto solían seguir las revueltas en Jerusalén. Así sucedió en el 485 a. C. cuando Jerjes subía al trono persa. Como resultado, su primer acto real sería movilizarse contra Palestina y Egipto para sofocar la rebelión y volver a poner ambas regiones bajo su firme control. En el 484 a. C., Jerjes y sus ejércitos marcharon a través de Palestina y de Gaza hacia Egipto, y lograron sofocar rápida y eficazmente la revuelta que había estallado.

Sin embargo, a pesar de lo rápido que esta campaña comenzó y terminó, las acciones de Jerjes en Egipto tuvieron un efecto duradero en el imperio y su capacidad para controlar las regiones conquistadas por los reyes. Comenzó con la respuesta de Jerjes a la revuelta egipcia, ya que mostraba una diferencia del estilo de gobierno de su padre, Darío I.

Darío I mostró un gran respeto por la religión y las costumbres egipcias, y se esforzó por asegurarse de que tuvieran la oportunidad de practicar su cultura. Reconoció y honró a algunos de los dioses egipcios, e incluso llegó a tomar el nombre de un dios-rey egipcio para mantenerse dentro de la comprensión egipcia del gobierno monárquico. Sin embargo, Jerjes no fue tan tolerante, y optó por rechazar las prácticas religiosas de los egipcios y trató de que se adaptaran a las costumbres persas. Estos esfuerzos fueron en gran medida infructuosos y le harían difícil a Jerjes mantener un control estricto sobre los egipcios.

El otro gran problema con el cual Jerjes tuvo que lidiar al subir al poder fue Babilonia. Al ser el virrey de su padre en esta antigua capital, Jerjes inicialmente no tuvo problemas para conseguir apoyo al reclamar la soberanía de Babilonia. Sin embargo, una curiosa decisión de cambiar los títulos asociados con el rey persa despertó algunas dudas sobre la legitimidad de su derecho al poder.

Debido a su importancia histórica en la región, los reyes persas anteriores a Jerjes se referían a sí mismos, especialmente y quizás solo cuando se dirigían al pueblo babilónico, como «Rey de Babilonia, rey de las tierras». En parte para tratar de respetar su antiguo poder, pero también era un movimiento estratégico; todos los imperios de Mesopotamia y Asia occidental necesitaban un plan para apaciguar a los reyes y ciudadanos de Babilonia. Y como Babilonia estaba en su punto más bajo en términos de poder regional cuando Persia alcanzó la prominencia, estas pequeñas formalidades fueron suficientes para mantener a los babilonios contentos.

Sin embargo, cuando Jerjes se convirtió en rey, rápidamente dio un giro de 180 grados, lo cual tuvo un gran efecto en el comienzo de su gobierno. Como virrey, consiguió un apoyo considerable, y no tenía competencia alguna para reclamar el trono al principio. Pero cuando se dirigió a los babilonios en los primeros días de su reinado, se refirió a sí mismo como Jerjes, «Rey de Parsa (Persia) y Mada (Media)», relegando «Rey de Babilonia, rey de las tierras» al final de su título, lo cual resultaba muy insultante para el pueblo babilonio, especialmente para sus gobernantes.

Algunos estudiosos especulan que este movimiento no fue una locura, sino más bien un movimiento intencional para tratar de despojar a Babilonia de parte de su independencia. Después de lo recién sucedido en Egipto, Jerjes probablemente comenzó a dudar de la eficacia de las políticas de no intervención de su padre, y la humillación a los babilonios puede haber tenido el efecto deseado de reafirmarse como el único soberano de Babilonia.

Sin importar la intención, la decisión de Jerjes causó inicialmente un caos. Viendo la ruptura de lealtad del pueblo a Jerjes, un poderoso miembro de la nobleza babilónica, Belsimanni, se levantó e intentó luchar por la independencia de Babilonia y su pueblo. Se refirió a sí mismo como «Rey de Babilonia, rey de las tierras», un claro intento de congraciarse con el pueblo babilónico de la manera que Jerjes se había negado. Belsimanni empezó por asaltar las instalaciones persas en Babilonia, y se las arregló para alcanzar y matar al sátrapa nombrado por Jerjes para gestionar Babilonia y sus territorios circundantes.

Afortunadamente para Jerjes, y desafortunadamente para Belsimanni, el rey persa, que estaba en Ecbatana en ese momento, tuvo comunicación con su mejor general, su cuñado, Megabizo. Por órdenes de Jerjes, llevó un ejército a Babilonia y rápidamente destruyó a Belsimanni y su rebelión. Se movió con rapidez y decisión, y recuperó Babilonia en cuestión de días. Y luego se dispuso a castigar a los babilonios por su insurrección. Destruyó la muralla de la ciudad, derribó templos y otros edificios religiosos. Fundió la estatua de oro de 6 metros de Bel Marduk, uno de los dioses más importantes de Babilonia y la transformó en lingotes de oro. Y también asesinó a todos los sacerdotes y otras personas que intentaron protestar.

Este rápido cambio de política en cuanto a la forma de manejar a los sátrapas comenzó a reformular la dirección de la historia persa. Como era de esperar, comenzó a sembrar semillas de rebelión en todo el imperio, lo que cualquier estudiante de historia antigua sabe que es el principio del fin. Y con Jerjes a punto de realizar una invasión masiva a Grecia y Europa, el destino de la dinastía aqueménida empezó desmoronarse lentamente. Pero para sus contemporáneos, no parecía así. El ejército persa era tan fuerte como siempre, y la dura respuesta de Jerjes a la insurrección infundía miedo en la gente de todo el imperio, desalentando la disidencia y fortaleciendo el control de Jerjes sobre el oeste de Asia.

Jerjes avanza hacia Grecia

Lo interesante de Jerjes, y algo que lo diferencia bastante de su padre Darío I y de su tío Cambises, es que no estaba particularmente interesado en la conquista. Jerjes fue el primer rey persa en nacer en el tremendo esplendor resultante de las ganancias imperiales de sus antepasados, por lo cual es natural que se preocupara por otros intereses, a saber, el fortalecimiento de su poder y la glorificación de su riqueza dentro del imperio.

Por ejemplo, cuando Jerjes asumió el cargo de rey, inmediatamente comenzó a supervisar los enormes proyectos de construcción iniciados por su padre. Dio los últimos toques a los palacios iniciados por Darío I en Babilonia y Susa, y también se puso a trabajar para terminar las espléndidas terrazas que rodeaban el palacio principal de su padre en Persépolis.

Pero a pesar de su aversión a la conquista y a la guerra, Jerjes no pudo evitar una campaña militar. El lugar obvio para la campaña primaria de Jerjes era Grecia y Europa. Darío I había intensificado las guerras greco-persas al tomar represalias contra las revueltas jónicas con una invasión a gran escala de Grecia. Se las arregló para llegar al continente griego y se dirigió a Atenas, pero fue detenido y conducido de vuelta a través del mar Egeo a Anatolia y Asia Menor.

Sin embargo, se necesitaba convicción para que Jerjes se comprometiera a una invasión a gran escala de Grecia, y también un poco de engaño. Los diplomáticos persas que vivían en Atenas se exiliaron después de la fallida invasión de Darío I. Deseosos de venganza, contrataron a un desacreditado oráculo para que fuera a hablar con Jerjes sobre la necesidad de invadir de nuevo a los griegos, y el primo de Jerjes, Mardonio, que estaba ansioso por ser nombrado sátrapa, incitó a Jerjes, ya que la conquista de nuevos territorios significaba la necesidad de nuevos sátrapas.

Como resultado, el destino de Jerjes cambió y su atención enfocada en su enriquecimiento personal se desvió hacia la expansión del imperio. Sabiendo lo difícil que sería invadir Grecia con éxito y aprendiendo de los errores de su padre, Jerjes comenzó a planear un avance gradual que le llevaría tiempo y recursos pero que también aumentaría enormemente sus posibilidades de éxito. Para la invasión, convocó a las flotas navales de Egipto, Fenicia y los griegos conquistados en Asia Menor (sí, los griegos lucharon contra los griegos. El castigo por negarse a cumplir el servicio militar era severo, y ayudaba a crear esta situación un tanto antinatural). Y Jerjes también llamó a la mitad de su ejército permanente; tres de los seis cuerpos del ejército fueron desplegados, cada uno compuesto por unos 60.000 hombres. Así que, en total, Jerjes tenía un ejército de unos 180.000 hombres a su mando para la invasión de Grecia.

La otra cosa que Jerjes hizo para ayudar a aumentar sus posibilidades de éxito durante su invasión fue construir una vasta línea de suministros para sus ejércitos. Se establecieron mercados y puestos de comercio a lo largo de la costa tracia para almacenar el grano y facilitar el movimiento de los suministros necesarios para mover un grupo tan grande de personas alrededor del mar Egeo hacia Grecia. Este movimiento demostró la destreza de Jerjes como comandante militar, ya que estaba dispuesto a emplear el tiempo necesario para realizar una invasión adecuada en Grecia, en lugar de apresurarse al conflicto y arriesgarse a una rápida y humillante derrota.

Su movimiento a través de Asia Menor hacia Grecia fue lento y gradual, y por lo tanto evidente para los griegos. Se corrió la voz rápidamente de una fuerza masiva liderada por un hombre «más poderoso que Zeus» que se dirigía a conquistarlos. Obviamente, temerosos de la inminente amenaza a su independencia, los griegos comenzaron a armar una defensa. Dado que la mayoría de los griegos que se habían establecido en Asia Menor y África ya habían sido conquistados por los persas y luchaban en sus ejércitos y armadas contra sus parientes, a menudo bajo el látigo persa, las restantes ciudades-estado independientes tenían pocos aliados, si es que quedaba alguno, dispuestos a contribuir a su defensa.

Las partes septentrionales de Grecia, el sur de Macedonia y el oeste de Delfos y Atenas, pudieron permanecer neutrales, y dado que no tuvieron parte en la causa original de las guerras greco-persas (las revueltas jónicas), no eran una preocupación primordial de Jerjes y los persas.

Pero esto significaba que los griegos estaban solos. Ciudades-estado amenazadas, como Esparta, Atenas, Delfos y Eritrea intentaron formar una alianza, pero se detuvo por la falta de voluntad de los oráculos para permitir la guerra contra los persas. Casi todos los registros de adivinos de la época indican que los sacerdotes griegos querían que los ejércitos y líderes griegos abandonaran su tierra y se rindieran a los persas. Incluso si uno no cree en los oráculos, no es sorprendente que esta fuera la recomendación. Los griegos se enfrentaban solos a lo que quizás sea el mayor ejército jamás reunido.

En el 480 a. C., Jerjes y sus tropas marchaban a lo largo de la costa tracia, con su gran flota naval acompañándolos y ayudándolos a cruzar terrenos difíciles donde fuera necesario. Entraron en Macedonia y se dirigieron al sur hacia Grecia (la figura 11 muestra un mapa de los movimientos de las tropas persas durante esta parte de las guerras greco-persas). Los exploradores griegos que eran capturados normalmente eran acogidos y se les mostraba la inmensidad del ejército persa para que pudieran volver con sus líderes e informarles sobre lo visto, un intento de conseguir la sumisión griega antes de la invasión. Sin embargo, esto no funcionó y parecía que los griegos iban a levantarse y luchar por su independencia, aunque todo indicaba que se preparaban para una derrota rápida y definitiva.

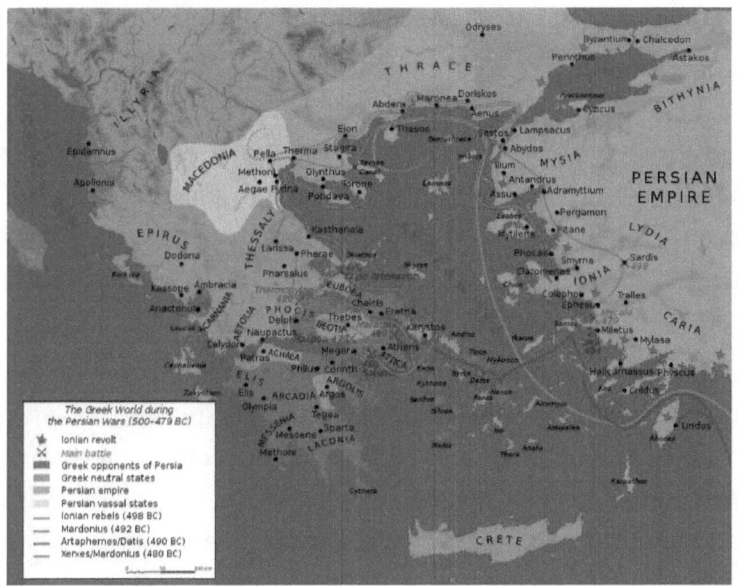

A finales del 480 a. C., Jerjes y sus ejércitos y flotas llegaron a Salamina, una isla cerca de la costa de Atenas. Parecía una posición ideal para forzar a las ciudades-estado circundantes a aceptar los términos de la rendición, lo cual dejaba a Atenas casi derrotada. Sin embargo, Jerjes escuchó a sus consejeros y lanzó una ofensiva en el estrecho de Salamina. Las tropas de tierra se acercaban por el norte, y se encontraron con un pequeño contingente de soldados griegos en el paso de las Termópilas. Allí los griegos fueron esencialmente masacrados, aunque las referencias a la batalla en la cultura pop (la película 300), sugiere lo contrario. Los griegos también fueron derrotados en Artemisio, a pesar de haber sido reforzados por los que huían de la batalla de las Termópilas. Estas victorias persas condujeron a la conquista de ciudades-estado griegas como Fócida, Beocia, Ática y Eubea, lo cual daba a Persia una importante fortaleza en Grecia, amenazando a Atenas.

La respuesta griega fue enfrentarse a la flota naval persa en el estrecho de Salamina, una estrecha franja de agua frente a la costa de Atenas. Los griegos salieron de Atenas en una ofensiva contra los persas, que estaban en la isla de Salamina preparando la invasión de Atenas. Este movimiento les dio un mayor control sobre las condiciones de combate, lo que se tradujo a una ventaja. Los persas superaban en número a los griegos, pero atacar en lugar de esperar a ser atacados dio sus frutos. El pequeño espacio en el que tenían que operar resultó ser un gran obstáculo para las tropas persas. Tuvieron problemas para mantenerse organizadas y mantener la formación, y esto significó que la mucho más pequeña flota ateniense pudo montar un ataque que resultó en una victoria decisiva para los griegos, cambiando dramáticamente el curso de la guerra.

Sin embargo, el impacto de la batalla de Salamina no se sintió en el interior del ejército persa. En general, los persas habían sufrido modestas derrotas. Y después de sus victorias en las Termópilas y en Artemisio, el ejército seguía intacto y en buena posición para continuar su avance al sur, hacia Atenas. Pero lo que cambió con el resultado de la batalla de Salamina fue Jerjes. Fue él quien ordenó el ataque contra los atenienses, por lo tanto, no tenía a nadie a quien culpar, pero inmediatamente después de la derrota, hizo que sus capitanes navales fenicios fueran ejecutados por cobardía. Horrorizados por la respuesta cruel e irracional a lo que no era más que una derrota naval normal, los fenicios y los egipcios abandonaron a Jerjes y regresaron a casa, reduciendo drásticamente el tamaño de la flota que tenía a su disposición y abriendo la puerta para que las ciudades-estado aliadas de Grecia lanzaran una contraofensiva al año siguiente. Lo cual terminó efectivamente con el avance persa en Grecia y marcó el comienzo de la ofensiva griega en Persia.

El otro gran acontecimiento que se produjo tras la derrota en Salamina fue que Jerjes, que debemos recordar no era particularmente belicoso desde el principio, abandonó el campo de batalla y se retiró a Sardes, la capital persa en Asia Menor. Dejó a Maradonio al mando del ejército, lo que en otras circunstancias hubiera sido una decisión inteligente, dado el historial de Maradonio, comprobado general militar más hábil que Jerjes. Dejarlo al mando aumentaba las posibilidades de éxito de los persas, en gran parte porque Jerjes, como líder militar, era más una desventaja que una ventaja.

Al año siguiente, 479 a. C., los persas aún estaban en buena posición para terminar su conquista. La mitad de las ciudades-estado griegas estaban bajo control persa, y las fuerzas aliadas no tenían el número suficiente para vencer a los persas. Pero todavía resistía a su dominio. Los asesores griegos de Maradonio le sugirieron que renunciara a las campañas militares en favor de la diplomacia, sugiriendo que usara el soborno como medio para ganar el apoyo de la élite política griega, lo cual facilitaría ganarse el favor del pueblo griego.

Sin embargo, Maradonio ignoró este consejo y eligió atacar tanto en Platea como en Micale. Pero antes de hacerlo, Maradonio tomó medidas para concentrar el ejército. En lugar de confiar en una fuerza masiva de reclutas tomados de varias partes del imperio, envió todos los cuerpos de ejército menos uno a casa, y su fuerza restante quedó compuesta solo por iraníes, es decir, persas, medos, bactrianos e indios, así como por inmortales persas (una clase especial de soldados persas profesionales que se discutirá más adelante en el capítulo 6). Creía que los iraníes eran soldados más fuertes y eficaces y, por lo tanto, consideraba que el éxito era más probable si reducía el tamaño de su fuerza y utilizaba solo los «mejores» soldados. Y sus posibilidades le parecían mejores por considerar que los soldados griegos eran débiles e ineficaces, un signo de la ignorancia militar persa.

Pero la decisión de atacar en lugar de usar la diplomacia, junto con el desprecio de la habilidad de los soldados griegos, llevó a la derrota tanto en Platea como en Micale. Por lo tanto, a finales del 479 a. C., los persas fueron efectivamente derrotados en Grecia. Y cuando el descontento comenzó a estallar en Asia occidental, el ejército persa tuvo que abandonar Europa y ocuparse de otros asuntos del imperio.

Existe un consenso general entre los historiadores de que los persas deberían haber ganado esta guerra. Superaban ampliamente a los griegos, y la alianza formada entre las ciudades-estado griegas era débil y desorganizada. Jerjes comenzó en la dirección correcta con el suministro de su ejército y moviéndose gradualmente hacia el territorio griego, asegurándose de que la marina apoyara al ejército durante todo el camino. Sin embargo, algunas derrotas casuales, seguidas del descenso de Jerjes a la locura, y luego una serie de errores militares de su comandante en jefe hicieron que la campaña europea terminara en derrota.

Esto marca un importante punto de inflexión en la historia persa. La retirada persa dio a los griegos la oportunidad de reorganizarse, y en el transcurso del siguiente siglo, se unirían y fortalecerían lentamente. Este período de fortificación alcanzó su punto culminante cuando los griegos, encabezados por Alejandro Magno, llegaron a Persia y la conquistaron, lo que provocó la caída de la dinastía aqueménida y del imperio persa que controlaba.

Sin embargo, las implicaciones de la derrota persa se extienden mucho más allá. Los griegos sobrevivieron e hicieron contribuciones significativas a la cultura mundial en campos que van desde la ciencia y las matemáticas hasta la filosofía y las artes. Pero, si los persas hubieran tenido éxito en borrarlos del mapa en el siglo V a. C., mucho de esto podría no haber ocurrido nunca, y el mundo actual sería un lugar muy diferente.

La decadencia de Jerjes y el poderío persa

Aunque una vez fue considerado un prometedor príncipe heredero, y también un esperanzado comandante militar, Jerjes regresó de Grecia como un hombre cambiado. Ya no estaba tan interesado en expandir el imperio, ni siquiera en construir su palacio. En cambio, se sumergió en vida en un harén, y relegó la mayor parte de la gestión de su imperio a sus consejeros y sátrapas.

Un momento particularmente bajo para Jerjes sucedió en Sardes después de retirarse de Grecia: se enamoró de la esposa de su hermano. Y cuando ella rechazó sus insinuaciones, decidió casar a su hijo con la hija de ella, esperando que esto le ayudara a ganarse su favor. Sin embargo, poco después, Jerjes cambió su inclinación hacia la esposa de su hermano por la de su hijo, y estas acciones repelieron a la mayor parte de su corte.

Además, Jerjes se embarcó en una agresiva campaña de impuestos que puso en tensión a todo el imperio. Persia hacía tiempo estaba exenta de pagar impuestos, pero el resto del imperio no. Y buscando consolidar su poder aún más, elevó la tributación de los reinos de las tierras que controlaba.

Esto rápidamente drenó gran parte del oro y la plata del imperio, que Jerjes fundió y almacenó en su palacio de Persépolis. Y también ayudó a sembrar el descontento en todo el imperio, lo cual los griegos, deseosos de continuar su resistencia al dominio egipcio, y de llevar su influencia más lejos en Asia, estuvieron dispuestos a financiar y apoyar con la Liga Delos.

Los últimos 15 años de gobierno de Jerjes sucedieron relativamente sin incidentes, y su creciente incompetencia como gobernante le llevó a ser asesinado en el año 465 a. C. Lo sucedió su hijo, Artajerjes I, quien tuvo que enfrentar rápidamente las consecuencias de los fracasos de su padre, que se manifestaban principalmente en una revuelta generalizada en Egipto.

Los atenienses apoyaban a los egipcios en su intento de rebelarse, así que Artajerjes I, en un esfuerzo por disminuir su influencia en el conflicto, comenzó a financiar a los enemigos de los atenienses en Grecia, una medida que los impulsó a mover su tesoro y a centrarse una vez más en sus esfuerzos contra los persas. Sin embargo, esto no tuvo éxito. Artajerjes fue capaz de sofocar la rebelión en Egipto, terminando efectivamente con el apoyo ateniense y de la Liga de Delos a la insurrección en ese lugar. Los persas siguieron luchando contra los atenienses, dirigidos por su líder Cimón, en toda Asia

Menor, hasta la batalla de Chipre en 450 a. C., que proporcionó escasos beneficios a ambos bandos. Viendo que esta guerra constante no iba a ninguna parte, Cimón y Artajerjes acordaron lo que se conoce como la Paz de Callias, que efectivamente puso fin a las guerras greco-persas.

Artajerjes I reinó en relativa paz hasta su muerte en el 424 a. C., momento en el que la monarquía entró en un período de extrema inestabilidad. Artajerjes solo tuvo un hijo legítimo, Jerjes II, y fue nombrado rey inmediatamente después de la muerte de su padre. Sin embargo, días después de ser nombrado rey, fue asesinado por su hermanastro ilegítimo, Sogdianus, quien días después fue asesinado por su hermanastro, Ochus. En un intento de establecerse como el heredero legítimo de la monarquía, Ochus tomó el nombre real de Darío II. Su reclamo fue impugnado, y pasó la mayor parte de su tiempo sofocando rebeliones en todo el imperio.

Su muerte, apenas 12 años más tarde, volvió a crear una situación caótica a la cabeza del Imperio persa. La esposa de Darío II, la Reina Parysatis, le rogó a su marido que no heredara el trono a su hijo mayor, Artajerjes II, sino a su siguiente hijo, Ciro el Joven. Ella fracasó, y Artajerjes II asumió el trono. Hizo que arrestaran a su hermano Ciro el Joven, y programó su ejecución, pero Parysatis intervino e impidió que sucediera.

Artajerjes II y Artajerjes III: La gloria final del Imperio aqueménida

La ascensión de Artajerjes II en el 412 a. C. puso fin a la agitación que había definido al Imperio persa desde la muerte de Jerjes en el 467 a. C. Gobernó durante los siguientes 45 años y ayudó a restaurar la paz y la estabilidad del imperio. Pero esto no significó que su reinado pasara sin incidentes. De hecho, se definió una vez más por la insurrección y la revuelta, y la mayoría de sus campañas militares se dedicaron a restablecer su control sobre el poder.

El primer asunto que tuvo que tratar fue la revuelta de Egipto. Esta no fue la primera vez que los egipcios aprovecharon la oportunidad que les ofrecía un cambio de monarca para intentar ganar su independencia, pero fue una de las primeras veces que lo lograron. Artajerjes pasó tiempo reuniendo una fuerza para tratar de reconquistarlo en el 373 a. C., pero fracasó, y se vio obligado a aceptar que Egipto ya no fuera parte del Imperio persa.

Una vez más, los griegos comenzaron a antagonizar a los persas. Pero en esta ocasión, no eran los atenienses, sino los espartanos, los que se oponían a Persia. Habían invadido Asia Menor, el punto de partida de la mayoría de los conflictos greco-persas. Sin embargo, Artajerjes no quiso enfrentarse a ellos directamente, sino que optó por financiar al principal enemigo de los espartanos, los atenienses, que menos de un siglo antes habían estado en conflicto directo con los persas. Esto puso a las dos ciudades-estado griegas en conflicto entre sí, pero Artajerjes II sacudiría las cosas volviéndose contra sus aliados atenienses y haciendo un tratado con Esparta para devolver a los persas el control de las ciudades de Jonia y Eolia en la costa de Anatolia.

En el año 372 estalló otra revuelta, conocida como la Revuelta de los sátrapas, en la que los gobernadores provinciales de Armenia, Capadocia (una región de Turquía) y Filigia (también en Turquía) se unieron para tratar de derrocar a Artajerjes II. Esto dio lugar a una guerra que terminó con la derrota de los sátrapas en el año 362 a. C.

Artajerjes II no era un expansionista. Aunque intentó recuperar el control de los territorios perdidos por la revuelta, no le interesaba extender el poderío persa, y cuando perdió Egipto, parecía dispuesto a aceptar esta derrota. Sin embargo, su eficacia para sofocar las diversas revueltas que estallaron durante su época como rey ayudó a traer estabilidad y prosperidad económica al imperio.

Gastó mucha energía en la construcción de ciudades persas y en la ampliación de los palacios de Susa, así como en el traslado de su capital a Persépolis y en dedicar recursos para su desarrollo. Además, y este podría ser el logro cultural más significativo de Artajerjes II, supervisó la expansión del zoroastrismo, que se había convertido en la religión oficial persa bajo Artajerjes I, y que se discute con más detalle en el capítulo 7. Los santuarios que construyó a los dioses y profetas zoroástricos son algunos de los logros arquitectónicos más notables del Imperio persa. Debido a su falta de conquista y expansión, Artajerjes II no se considera uno de los gobernantes persas más gloriosos. Pero está claro que tuvo un efecto significativo en el desarrollo cultural persa. La dinastía que vino después de los aqueménidas, los partos, remontó su linaje hasta Artajerjes II para establecer su legitimidad, lo que sugiere que Artajerjes II es una figura importante en la comprensión colectiva de la identidad persa. Parte de esto también proviene de la inmensa familia de Artajerjes II. Los registros indican que tuvo unos 115 hijos y hasta 350 esposas.

Sin embargo, el reinado de Artajerjes II llegó a su fin, y esto empujó una vez más al Imperio persa a un período de dramática inestabilidad, pero esta vez no pudo recuperarse. Su único empujón final no lograría restablecer el dominio persa, y la gloria de los aqueménidas quedaría relegada a los anales de la historia.

Su hijo, Artajerjes III, asumió el cargo de rey, y como era de esperarse, su mandato como rey comenzó con la necesidad de suprimir los diversos sátrapas y reinos que disputaban su reclamo al trono. Asia Menor había sido difícil de controlar de forma fiable desde que Ciro II conquistó por primera vez Lidia en el siglo VII a. C., y esta tendencia continuó incluso después de 300 años de influencia persa en la región y de repetidos intentos de conquistarla y controlarla.

Para evitar una larga, costosa y probablemente improductiva campaña en Asia Menor, Artajerjes III buscó una forma diferente de traer paz duradera a la región. Comenzó a organizar diplomáticamente un acuerdo de paz con los atenienses, que se inmiscuían constantemente en Asia Menor debido a la gran presencia de griegos en la región. Este tratado obligó a los persas a reconocer la independencia de las ciudades-estado griegas en Asia Menor. A continuación, procedió a disolver los ejércitos de las diversas satrapías en toda Asia Menor, obra que esperó ayudara a desarmar a los líderes rebeldes de la región e impedir que hicieran cualquier amenaza grave al poder persa.

Pero nada de esto funcionó, y Artajerjes III se vio obligado a volver a las tácticas de sus predecesores. Atenas traicionó a Artajerjes III y envió fuerzas para ayudar a los rebeldes a recuperar Sardes, lo cual hicieron. Pero entonces, en el año 353 a. C., Artajerjes III lanzó una campaña a gran escala a través de Asia Menor que tuvo éxito en la disolución de los ejércitos rebeldes y aseguró el control persa en la región.

Poco después de su éxito en Asia Menor, Artajerjes III comenzó a poner sus ojos en Egipto, el territorio que su padre había perdido y no había podido recuperar. Pero casi tan pronto como Artajerjes III entró en Egipto y se enfrentó a los egipcios, la rebelión estalló de nuevo en Asia Menor, esta vez apoyada por los egipcios. Sin embargo, Artajerjes III continuó en Egipto hasta que fue derrotado, y para cuando esto sucedió, Fenicia, Asia Menor, y ahora Chipre estaban en plena revuelta. El intento de sofocar la rebelión en Chipre fracasó, y los persas fueron pronto expulsados de Fenicia, llevando al Imperio persa a su área más pequeña desde que Ciro II y Cambises establecieron por primera vez el dominio persa en toda Asia occidental.

En el año 343 a. C., Artajerjes III volvió a prestar atención a Egipto, y esta vez logró someter al rey. Después, instauró un reino de terror que implicó la quema de edificios religiosos y culturales, y cualquiera que fuera sorprendido practicando las religiones egipcias era perseguido y a menudo ejecutado. La idea era tratar de disuadir a los egipcios de volver a rebelarse, y tuvo el efecto adicional de impedir que otras regiones del Imperio persa se rebelaran. La victoria sobre Egipto fue suficiente para que estos grupos rebeldes vieran que Artajerjes III todavía comandaba un poderoso ejército que no debía ser desafiado. Sin embargo, Macedonia, liderada por Felipe III de Macedonia, estaba ganando un poder considerable al otro lado del mar Egeo, y su ascenso significaba que los días de Persia como superpotencia del Asia occidental estaban contados.

Durante estas etapas finales de la campaña, Artajerjes III nombró a un hombre llamado Bagoas para que fuera uno de sus asesores de más alto rango, pero este movimiento resultaría desafortunado, ya que Bagoas tenía sus propias ambiciones y envenenó a Artajerjes III con la ayuda de un médico. Artajerjes III murió en el 338 a. C.

El fin de la dinastía aqueménida

Artajerjes IV sucedió a Artajerjes III, pero antes de que pudiera hacer nada, él también fue envenenado por Bagoas, quien luego colocó al sobrino de Artajerjes IV, Darío III, en el trono. Poco después de que esto sucediera, Darío III, consciente de las acciones de Bagoas, le obligó a tomar veneno. Egipto, una vez más, se rebeló, y Darío III tuvo que enviar tropas para sofocar la rebelión.

Pero en este punto, no importaba realmente quién era el rey de Persia o si los egipcios habían sido sometidos. Alejandro III de Macedonia, conocido en el resto del mundo como Alejandro Magno, había llevado su gran ejército, endurecido por la batalla, a Asia Menor durante el 334 a. C. Rápidamente derrotó a los ejércitos persas en Gránico en 334, Issos en 333 y Gaugamela en 331. Luego siguió estas victorias atacando Susa y la capital persa, Persépolis, que se rindieron en el año 330 a. C.

Darío III había huido a Ecbatana y luego continuó a Bactria, donde fue asesinado por el sátrapa bactriano, Beso, que se declaró entonces Artajerjes V, rey de Persia. Pero esto duró casi nada. Alejandro y sus ejércitos marcharon a Bactria, encontraron a Beso, o Artajerjes V, y lo juzgaron en la corte persa, donde fue sentenciado a ser ejecutado.

Algunos estudiosos consideran que Alejandro Magno es el «último de los aqueménidas», en gran parte porque mantuvo intacta la mayor parte del aparato político persa después de su conquista. Sin embargo, no era persa y no tenía derecho al trono. Aun así, su voluntad de dejar la administración del imperio tal como estaba puede atribuirse en parte a su relativamente exitoso gobierno sobre el Asia occidental.

Cuando Alejandro Magno murió en el año 323 a. C., su enorme imperio, que se extendía desde Grecia hasta el río Indo, se dividió entre sus generales. El territorio más grande, aquel en el que se encontraba la meseta iraní, fue entregado a Seleuco I Nicátor, quien gobernó sobre el territorio una vez conocido como el Imperio persa, pero que ahora se entendía como el Imperio seléucido.

Conclusión

Como es el caso de la mayoría de los imperios antiguos, la desaparición del Imperio persa bajo la dinastía aqueménida parece haber ocurrido rápidamente. Sin embargo, al observar más de cerca los eventos que llevaron a su caída, es fácil ver cuán precario era realmente el control del poder de Persia, y también es fácil ver cómo la compleja situación geopolítica de Mesopotamia y del extranjero hizo difícil mantener un imperio de ese tamaño por demasiado tiempo.

Pero esto no pretende descartar los logros de la Dinastía Aqueménida. En cuestión de solo 300 años, pasó de liderar una oscura tribu persa en la meseta iraní a ser uno de los imperios más grandes y formidables en la historia del mundo antiguo.

Sin embargo, la región que Persia controlaba era simplemente demasiado grande, demasiado diversa y estaba sujeta a demasiadas influencias como para mantenerse en el poder para siempre. Así pues, aunque el ejército persa de entonces era uno de los más fuertes que se han visto hasta la fecha, la competencia entre los poderes políticos dentro del Estado, combinada con las frecuentes revueltas de los territorios conquistados y los intentos excesivamente ambiciosos de expansión en Europa iniciados por Darío I y continuados por

Jerjes, contribuyeron a la eventual caída del Imperio persa bajo la dinastía aqueménida. Pero este no sería el final de la historia persa. A los pocos cientos de años de la conquista de Persia por Alejandro Magno, una nueva dinastía, que remontó sus raíces a los aqueménidas, conocida como los partos, se fusionó y devolvió el poder a los iraníes en Persia y en toda Asia occidental.

Capítulo 5 - La vida en la antigua Persia

Casi tan pronto como Persia se convirtió en un imperio bajo la dinastía aqueménida, también se convirtió en una nación grande y diversa. Sus fronteras se extendían desde Egipto hasta Turquía, partes de Grecia, Armenia, Irak, Irán, Arabia, Afganistán, Uzbekistán, e incluso hasta la India, y casi todas las tierras intermedias, que incluían culturas poderosas e influyentes como los fenicios, los judíos, los medos, los babilonios, y muchos más. Como resultado, es imposible describir Persia como una sociedad unificada con sus propias normas culturales distintivas.

En cambio, es mejor pensar en ella como una coalición informal de diferentes culturas, muchas de las cuales se unieron por la fuerza, pero que permanecieron conectadas a través de la forma centralizada y altamente desarrollada de organización política de Persia que fue establecida por Darío I (véase el capítulo 3). Sin embargo, todavía podemos crear una imagen de cómo podría haber sido la vida de los habitantes del Imperio persa.

Los propios persas, que residían en Persis, que es el país moderno de Irán, estuvieron en el centro del imperio. Sin embargo, debido a su falta de tierra cultivable y a su duro terreno, Persia misma estaba lejos de ser la parte más desarrollada del imperio. De hecho, Irán apenas estaba poblado antes de que las tribus persas se unificaran bajo Ciro II. En cambio, estaba habitado en su mayor parte por tribus nómadas, lo que puso a los persas muy por detrás de sus vecinos de Mesopotamia en cuanto a desarrollo urbano y avance social.

Debido a la difícil topografía de Irán, las tierras buenas y fértiles eran escasas, lo que condujo al desarrollo de una clase propietaria de tierras que sirvió como nobleza durante el Imperio persa. Antes del nacimiento del imperio y durante su existencia, Persia fue una sociedad feudal, lo que significaba que se esperaba que los campesinos pagaran un alquiler a un terrateniente a cambio del derecho a trabajar la tierra, y algunos de los frutos de su trabajo se devolvían al terrateniente como impuesto.

Sin embargo, a medida que el imperio crecía y se expandía, el pueblo que vivía en Persia probablemente experimentó una drástica mejora en su calidad de vida. En primer lugar, la finalización del Camino Real por Darío I conectó Sardes en Asia Menor con Susa y Ecbatana, así como con otras ciudades a través de Media y Bactria. Esto trajo desde lejos nuevos bienes a Persia, y facilitó el comercio con otras partes del imperio. Además, la propia Persia estaba exenta del pago de impuestos y tributos imperiales, lo que redujo significativamente la carga imperial sobre el pueblo persa.

Otra cosa que contribuyó al nivel de vida relativamente alto del pueblo persa fue la salida de la clase terrateniente. Una vez que Ciro II conquistó Babilonia y fue fortificada por Darío I, gran parte de la clase terrateniente se trasladó de Persia a Babilonia y Mesopotamia. Las tierras de cultivo eran mucho mejores y más abundantes en el Creciente Fértil, lo que significa que fue más fácil para ellos aumentar su riqueza. El sistema feudal permaneció, pero es probable que su carga no fuera tan pesada en comparación con lo que habría ocurrido si la élite persa hubiera elegido permanecer en la meseta iraní.

La vida en Persia también fue relativamente pacífica. La guerra no llegó hasta que Alejandro Magno comenzó a conquistar el oeste de Asia. Pero esto no significa que el pueblo persa no estuviera familiarizado con la guerra. El servicio militar era obligatorio, y muchos hombres pasaban gran parte de sus vidas fuera de casa luchando en diferentes escenarios alrededor del imperio. Sin embargo, el uso de mercenarios, reclutas y esclavos en sus ejércitos redujo la necesidad de soldados persas, aunque la mayoría de los reyes persas consideraban que sus parientes eran naturalmente mejores combatientes. En el capítulo 6 se ofrece una descripción más detallada del ejército persa.

Como todas las sociedades pre-modernas, Persia era una cultura mayormente agraria. Dentro de la propia Persia, el ganado fue el principal producto, en gran parte porque la escasez de tierras cultivables dificultaba la producción de un excedente de productos agrícolas. Sin embargo, gracias al comercio con las provincias de todo el imperio, los persas tuvieron acceso a muchos de los bienes de los que se disfrutaba en Mesopotamia y en el extranjero, incluidos el trigo y la cebada. Es difícil determinar con exactitud cómo vivía la gente, en gran parte debido a la falta de registros. Pero es razonable creer que el campesinado vivía en lo que hoy se considera pobreza rural. Sin embargo, la ausencia de conquistas militares y la disponibilidad de bienes a través del comercio trajeron mejoras significativas a la calidad de vida del campesinado.

En otras partes del imperio, la presencia del Imperio persa trajo una prosperidad considerable por varias razones. En primer lugar, la construcción del Camino Real facilitó enormemente a los mercaderes la posibilidad de viajar a través de Asia occidental y de comerciar entre ellos. También, la burocracia centralizada del Imperio persa facilitó a personas de diferentes orígenes culturales, lingüísticos y étnicos comprometerse económicamente entre sí.

Otra cosa que contribuyó a la prosperidad económica del Imperio persa fue la introducción de la moneda. Ciro II introdujo por primera vez las monedas de oro en el imperio, pero fue Darío I quien amplió la práctica estandarizando una moneda de oro. Pesaba 8,4 kilogramos, y era el equivalente a 20 monedas de plata. La moneda ya se utilizaba de una forma u otra en todo el imperio, en particular en las ciudades-estado griegas que estaban situadas en Asia Menor, pero esta normalización facilitó mucho el comercio entre las distintas partes del imperio. Los monarcas persas, especialmente a partir de Jerjes, tenían una propensión a acumular oro y plata. Esto ralentizó la circulación de las monedas en todo el imperio, lo que redujo la importancia de la moneda. Pero, aun así, este adelanto fue bastante significativo para el desarrollo económico de la región.

La última razón importante por la que el Imperio persa ayudó a iniciar un período de relativa estabilidad económica y prosperidad fue la política de tolerancia y aceptación de Darío I. Como no intentó perseguir a la gente por su religión y su cultura, la mayoría de la gente vivía en relativa paz durante todo el tiempo de dominación persa. Por supuesto, las rebeliones e insurrecciones eran comunes en todo el imperio, y la guerra era constante. Pero esto se limitó a las regiones de la periferia. El resto del imperio disfrutaba de una considerable estabilidad que permitió el crecimiento de la riqueza.

Los persas también ayudaron a introducir el arameo como la lengua franca del imperio. Aunque se encontraba un idioma diferente en casi todos los rincones del imperio, el establecimiento del arameo como idioma oficial del imperio, que era un idioma semítico utilizado sobre todo en las ciudades de la Siria moderna, dio a la región una lengua franca para utilizar en el derecho y los negocios. Parte de la razón por la que se eligió esta lengua fue porque estaba muy estandarizada y era uniforme, lo que significaba que era más fácil de aprender que otras lenguas de la región. Algunos estudiosos han llamado al arameo el idioma oficial del Imperio persa, pero esto es incorrecto, ya que probablemente solo se hablaba fuera de sus regiones tradicionales para llevar a cabo negocios, asuntos legales y gubernamentales. No obstante, el uso de un idioma común facilitó enormemente la comunicación y la interacción entre los numerosos y diferentes pueblos del Imperio persa, lo que ayudó a fortalecer el poder imperial persa.

En general, la vida en el Imperio persa no era tan diferente de la vida en muchas de las otras civilizaciones antiguas de esta parte del mundo. La vida diaria consistía en la agricultura, rezar a los dioses, entrenamiento y servicio militar, o participar en cualquier oficio o artesanía para la que se hubiera sido entrenado. Los mayores cambios que tuvieron lugar fueron en los arreglos políticos y burocráticos del imperio. Pero algunos de estos cambios ayudaron a introducir una mayor calidad de vida y una mayor conectividad entre muchas culturas diferentes. Sin embargo, estas mejoras y avances vinieron como resultado de las conquistas y la expansión de la monarquía persa, lo que significa que la guerra fue una parte central de la vida para la mayoría de las personas que vivían durante la época del Imperio persa.

Capítulo 6 - El ejército persa

Tomar y mantener el poder en el mundo antiguo no podía hacerse sin un ejército grande, fuerte y efectivo. Los asirios, que precedieron a los persas como hegemonía de Asia occidental, desarrollaron una máquina militar que infundía miedo en los corazones de casi todos sus vecinos, llevando a muchos reinos a someterse simplemente por miedo a lo que podría pasarles si sufrieran una invasión asiria.

Los persas no eran diferentes. Mientras que los asirios pasaron a la historia como una de las culturas militares más despiadadas que han caminado por la Tierra, los persas fueron capaces de crear y mantener un gran ejército que sería la fuente de su poder durante toda la duración de la dinastía aqueménida. El núcleo del ejército estaba formado por los propios persas, pero los aqueménidas también se sirvieron de muchos otros grupos de personas para ayudarles a sostener sus grandes ejércitos y mantener el control sobre su imperio.

Los inmortales persas

Este rango particular de soldados persas fue considerado como una de las fuerzas más poderosas en toda Asia occidental y en el extranjero, y han pasado a la historia como una de las unidades militares más famosas del mundo. Fueron considerados «inmortales» porque por ley el tamaño de la armada nunca se permitió bajar de

10.000. Esto significaba que, en teoría, tan pronto como un soldado persa moría, era reemplazado inmediatamente por otro, impidiendo que cualquier enemigo hiciera un daño real al ejército persa.

Para llenar estas filas, los monarcas persas recurrían a su propio pueblo; los persas no estaban obligados a pagar impuestos ni tributos a la corona, pero se esperaba que dieran su vida y lucharan por su rey sin hacer preguntas. Sin embargo, también era común encontrar medos y elamitas entre las filas de los inmortales, ya que estas tres civilizaciones estaban estrechamente alineadas tanto cultural como políticamente. Una vez seleccionados, se les enviaba a Susa para entrenar y luego se unían a las filas de los Inmortales dondequiera que estuvieran en el imperio en ese momento. Esto creó una situación en la que el ejército persa tenía un flujo constante de refuerzos, lo que le ayudaba a ser más eficaz y a estar mejor capacitado para llevar a cabo largas campañas militares contra enemigos extranjeros.

Los Inmortales persas recibieron un trato especial. Estaban bien vestidos, y sus uniformes a menudo presentaban adornos de oro decorativos. Y cuando estos soldados viajaban, se les permitía llevar sirvientes y concubinas con ellos, y a menudo se les servía comida especial en camellos u otros animales de equipaje. Para añadir a su grandeza y también para intimidar a las fuerzas enemigas, los Inmortales Persas estaban todos vestidos igual. Sus cabezas estaban afeitadas y sus barbas cortas estaban enroscadas. Brazaletes de oro caían sobre sus brazos, y sus lanzas estaban hechas con cuchillas de plata que ayudaban a probar que eran realmente un miembro de los 10.000 Inmortales. También tenían un arco y una aljaba sobre su hombro, pero a un Inmortal no se le permitía llevar ninguna otra arma aparte de la lanza y el arco.

Ejércitos satrapales

Mientras que los Inmortales representaban los rangos más altos del ejército persa, 10.000 hombres no eran suficientes para asegurar el imperio y atender a sus muchos enemigos, tanto cercanos como lejanos. Jerjes invadió Grecia con una fuerza de más de 150.000 hombres y las flotas navales de tres reinos muy poderosos.

En un intento por mantener el control sobre las diferentes regiones del imperio, los reyes persas exigieron a cada sátrapa que contribuyera con un cierto número de tropas. El rey nombraba a un comandante militar para dirigir los ejércitos satrapales, y luego cada líder regional era responsable de cumplir con las cuotas ordenadas por el rey y sus comandantes, un número que dependía en gran medida de la campaña que se llevara a cabo y de los tipos de soldados que un sátrapa pudiera ofrecer. Por ejemplo, a los egipcios y los fenicios se les apelaba por sus armadas navales, mientras que los persas recurrían a sus provincias medias, bactrianas e indias para sus soldados de tierra.

A diferencia de los Inmortales, había poca o ninguna uniformidad en los ejércitos satrapales. Cada grupo adornaba cualquier ropa que fuera la norma para los soldados de su región, y esto a menudo hacía difícil que los enemigos supieran que estaban luchando contra los persas. Además, este reclutamiento forzoso de poblaciones satrapales significaba que, aunque el ejército persa era grande, estaba compuesto en su mayoría por personas que habían sido obligadas a prestar servicio. Por consiguiente, según la situación política de la época, la eficacia de estas fuerzas variaba. Por ejemplo, los egipcios y los fenicios se comprometieron a ayudar a Jerjes con su invasión a Grecia hasta que decidió ejecutar sin piedad a los comandantes fenicios. Respondieron abandonando Grecia y desertando en medio de la campaña de Jerjes para invadir Europa, algo que perjudicó significativamente sus posibilidades de victoria.

La dependencia de estos ejércitos satélites estableció un interesante enigma que se ve comúnmente en las civilizaciones de todo el mundo antiguo. Por un lado, Persia necesitaba conquistar y expandir su control territorial para poder reclutar un ejército lo suficientemente grande como para mantener su control sobre los territorios conquistados. No debe sorprender entonces que muchas de las satrapías, especialmente las ubicadas en la periferia del imperio, estuvieran sometidas a una guerra constante. Por otro lado, otros reyes de la región, intentando recuperar la autonomía después de ser conquistados, compitieron por las lealtades de estas mismas personas, ya que así es como abastecerían a sus ejércitos y tendrían éxito como reyes. Esto significaba que la gente cambiaba constantemente de bando y que habría sido difícil confiar únicamente en las sátrapas para llenar las filas de los ejércitos persas.

Mercenarios y otros ejércitos

Además de los inmortales y los ejércitos satélites, los persas también dependían en gran medida de los mercenarios, especialmente para sus unidades navales. También hicieron un uso generalizado de los ejércitos de esclavos, tomando gente de las tierras conquistadas y obligándolos a hacer el servicio militar. Sus unidades militares se formaron en base a la necesidad y también a la relación que un sátrapa tenía con el rey. A las unidades militares se les podía conceder cierto grado de autonomía, o podían ser absorbidas por el gran ejército persa. Por ejemplo, después de una de las primeras revueltas babilónicas, la región fue anexada al sátrapa de Asiria. A partir de ese momento, no existe ninguna mención de las tropas babilónicas. Probablemente no se confiaba lo suficiente en ellos para operar por su cuenta, y su estatus fue relegado al de esclavos.

El poderío militar persa fue una de las principales razones por las que pudo ganar un territorio y poder tan considerables en un período de tiempo tan corto. Los éxitos iniciales de Ciro II dieron a los futuros reyes la noción de que los soldados persas eran más fuertes y más capaces que cualquier otro grupo del imperio. Esto dio lugar a la formación de los Inmortales Persas, que sería la fuerza militar más aterradora y eficaz durante el período en que los persas controlaban todas las tierras desde Egipto hasta la India.

Capítulo 7 - Zoroastrismo: La religión de Persia

Al igual que en otras civilizaciones antiguas, la religión desempeñó un papel importante tanto en la vida de los plebeyos como en la de los líderes del Imperio persa. Pero a diferencia de los anteriores imperios de Asia occidental, a saber, Sumeria, Asiria y Babilonia, los persas eran monoteístas. Practicaban una religión conocida como el zoroastrismo, que lleva el nombre de su principal profeta, Zoroastro, a veces conocido como Zaratustra. Sus orígenes se remontan al segundo milenio a. C., lo que la convierte en una de las religiones monoteístas más antiguas de la historia de la humanidad. Todavía se practica hoy en día, pero a partir de la invasión árabe de Persia en el siglo VII d. C., el islam comenzó a extenderse por la meseta iraní. Más tarde, la Revolución iraní, que tuvo lugar en el siglo XX, situó al zoroastrismo en un segundo plano de la cultura persa/iraní, aunque sigue siendo prominente e incluso está resurgiendo, ya que los iraníes modernos buscan alejarse de la teocracia islámica que domina la política de su país.

La fundación del zoroastrismo

La primera mención del zoroastrismo como religión organizada aparece en el siglo V con el historiador griego Heródoto, a menudo llamado el padre de la historia. Él escribió *Las Historias*, que es un relato detallado de las muchas y diferentes culturas y civilizaciones que existieron e interactuaron entre sí a lo largo del Asia occidental y el sur de Europa.

Sin embargo, muchos historiadores piensan que las creencias y prácticas fundamentales del zoroastrismo pueden remontarse a las costumbres indo-iraníes que se hicieron populares a partir del 2500 a. C. Sin embargo, es probable que en algún punto intermedio es cuando tomó forma como la religión que eventualmente se convertiría en una característica definitoria de la cultura persa. Se cree que Zoroastro, que es considerado un profeta en la religión, pero que probablemente fue un reformador religioso, comenzó a difundir su versión de la fe en el siglo X a. C.

Poco a poco, las enseñanzas de Zoroastro penetraron en la psique colectiva del pueblo persa, e incluso influyeron en el desarrollo de otras tradiciones religiosas, como el zurvanismo, la principal religión de los Magi, una tribu que tuvo una considerable influencia en las cortes medas. Se cree que la difusión inicial del zoroastrismo en realidad tenía por objeto ayudar a limitar el poder de este grupo en particular después de que Ciro el Grande pudo unificar a los reinos persa y medo, sentando las bases de lo que se convertiría en el gran Imperio persa.

Pero no sería exacto decir que Ciro II y sus sucesores inmediatos, como Cambises y Darío I, eran de hecho zoroastrianos. En ese momento, muchos persas creían en la deidad de Zoroastro, Ahura Mazda, aunque esto no significaba que fueran seguidores de Zoroastro y sus enseñanzas. Pero a medida que el Imperio persa se expandió, también lo hizo la influencia del zoroastrismo en su gente, resultando en que eventualmente se convirtió en la principal religión de Persia bajo Artajerjes II.

Creencias Zoroastrianas

En primer lugar, el zoroastrismo es una religión monoteísta, lo que significa que cree en un solo dios, Ahura Mazda, que se traduce del iraní antiguo y del persa como Señor Sabio. Ahura significa literalmente «ser», mientras que Mazda significa «mente». Zoroastro enseñó esta distinción para resaltar el concepto de dualidad, y también se aseguró de referirse a uno como masculino y a otro como femenino, probablemente un intento por no representar a Ahura Mazda como un humano. Además, Zoroasro enseñó que Ahura Mazda era todopoderoso, pero no omnipotente, una distinción importante y que no hacían muchas religiones de la época, especialmente las basadas en el politeísmo.

Una de las características que definen al zoroastrismo es la importancia que da a la dualidad. Específicamente, describe al mundo como atrapado en una lucha entre el bien y el mal, y que el fin de los tiempos coincidirá con el triunfo final del bien. Ahura Mazda se manifiesta a través de los Spenta Mainyu, que son entidades divinas. El término se traduce literalmente como santos divinos. A través de estas entidades, Ahura Mazda sirve como un «padre» benevolente responsable de superar la influencia de Druj, que significa falsedad o engaño. No hay maldad en Ahura Mazda, y su principal responsabilidad con la humanidad es ayudarla a superar las fuerzas del mal que tratan de empujarla hacia la destrucción.

Los pilares del zoroastrismo son: 1) Humata, Hukhta, Huvarshta, que se traducen en Buenos Pensamientos, Buenas Palabras, Buenas Acciones; 2) Solo hay un camino, el camino de la Verdad; y 3) Hacer lo correcto porque es correcto, y entonces verás recompensas más tarde.

Esta creencia en una deidad todopoderosa que lucha por difundir el bien y derrotar el mal representa un desarrollo significativo en comparación con las primeras religiones iraníes, que se remontan a las costumbres arias que no definían ningún bien o deidad, y en cambio pensaban que el mundo estaba gobernado por diferentes espíritus malignos y demonios. Otro aspecto interesante del zoroastrismo es que pide a sus seguidores que protejan la naturaleza, señalando específicamente la necesidad de mantener la tierra, el aire, el viento y el agua, lo que ha llevado a muchos teólogos a declarar el zoroastrismo como la primera religión ecológica del mundo, aunque este título ha sido impugnado por algunos.

Sin embargo, no importa cómo se mire, el zoroastrismo era una religión pacífica. A diferencia de las religiones de otras civilizaciones antiguas, como Asiria o Babilonia, no predicaba la guerra como medio necesario para la existencia y la supervivencia. Esta creencia podría ayudar a explicar por qué los reyes persas rara vez, o nunca, se interesaron en cambiar las costumbres religiosas practicadas por aquellos a quienes conquistaron; la persecución típicamente solo tenía lugar cuando era políticamente necesaria.

Además, algunas de las ideas principales de las enseñanzas zoroástricas, como la idea de un mesías, el juicio después de la muerte, la idea del cielo y el infierno y el libre albedrío, ayudaron a dar forma a otras tradiciones religiosas, en particular al judaísmo del Segundo Templo, el gnosticismo, el cristianismo y el islam. El zoroastrismo siguió siendo la principal religión del pueblo persa hasta que los árabes la invadieron en el siglo VII. A partir de ese momento, el islam fue la principal religión de la región, y el zoroastrismo fue a menudo perseguido más allá de este punto de la historia.

Se estima que hoy en día hay unas 200.000 prácticas de zoroastrismo diseminadas por todo Irán y la India. Y aunque su importancia disminuyó considerablemente tras la invasión árabe de Persia, tuvo un efecto significativo en el desarrollo cultural de Persia y de Asia occidental en su conjunto.

Capítulo 8 - Dinastías persas posteriores: Del Imperio parto a la Dinastía Kayar

Después de la caída de Susa y Persépolis ante Alejandro Magno en el 330 a. C., la dinastía aqueménida sucumbió. El Imperio persa era ahora parte del vasto dominio de Alejandro, y cuando este murió, quedó en manos de uno de sus generales, Seleuco I Nicátor, que formó el Imperio seléucido, que consistía en los territorios de la meseta iraní y Media, y partes de Mesopotamia, aunque nunca llegaría a tener ni siquiera una cercanía al tamaño y la gloria de Persia bajo los aqueménidas. A los persas se les negó la capacidad de gobernar su propia patria durante poco más de 100 años después de ser conquistados por Alejandro.

Sin embargo, solo porque los aqueménidas perdieron el poder, esto no significó el fin de los persas. De hecho, usando una mirada amplia de la historia, en realidad fue solo el comienzo. Diferentes dinastías persas emergieron después de la caída del Imperio seléucida, y esto ayudó a llevar al Imperio persa hasta la era moderna. Cayó una vez más en el siglo XIX bajo la dinastía kayar, y esto preparó el camino para la formación del país de Irán.

Estas diferentes dinastías que vinieron después de los aqueménidas experimentaron distintos niveles de éxito. Por ejemplo, el Imperio sasánida, que se formó en el año 224 d. C., duró más de 400 años, mientras que la Dinastía Afsárida, formada en 1501 d. C., estuvo en esta tierra únicamente por 60 años, existiendo solo el tiempo suficiente para que hubiera apenas unos pocos reyes.

Cada una de estas dinastías debería ser estudiada en sí misma. Como los aqueménidas, cada una tiene una rica historia de conquista y consolidación, y cada una hizo sus propias contribuciones específicas tanto a la historia como a la cultura persa. Sin embargo, al observar los principales logros de cada una de ellas, se puede tener una perspectiva de cómo Persia ha moldeado el curso de la historia del mundo, y cómo ha contribuido a la formación del mundo en el que vivimos ahora.

El Imperio parto (247 a. C.-24 d. C.)

El Imperio seléucida no duró más de 100 años antes de que los persas, comenzando con la dinastía parta y terminando con la dinastía sasánida, pudieran retomar el control de su patria, y una vez que lo hicieron, lograrían mantenerla durante los siguientes 600 años.

A este sucesor de los aqueménidas se le conoce como el Imperio parto, en gran parte debido a cómo se formó. En algún momento a mediados del siglo III a. C., el rey Arsaces I de Partia, que dirigía la tribu local Parni, se levantó y se apoderó de la región de Partia, que está en el noreste de Irán. Más tarde, los historiadores partos describirían el año 247 a. C. como el año exacto en que se fundó el Imperio parto, aunque no se sabe con certeza por qué se eligió esta fecha, ya que los registros históricos no aportan pruebas de ningún acontecimiento significativo durante este año que pueda asociarse con la formación del imperio. Esto podría deberse a que, en esa época, Partia estaba en rebelión abierta contra el gobierno seléucida. Es probable que la toma del territorio por parte de Arsaces I fuera impugnada y que necesitara pasar mucho tiempo asegurando las tierras que acababa de recuperar de las autoridades centrales del imperio.

El éxito de Arsaces I, sin embargo, se detuvo allí. Pasó la mayor parte de su reinado defendiéndose de los anteriores gobernantes imperiales de la región mientras intentaban recuperar el territorio que habían perdido. Sin embargo, no tuvieron éxito, y los persas liderados por los partos pudieron mantener su independencia a pesar de los repetidos avances de los seléucidas. No fue hasta que Mitridatos I llegó al poder en c. 171 a. C. que los partos comenzaron a desmantelar el Imperio seléucida y se establecieron como una potencia en la región, convirtiendo una vez más a Persia en un importante actor político en Asia occidental.

Mitridatos I logró conquistar Media y Mesopotamia, lo que redujo al Imperio seléucida a apenas el territorio que hoy conocemos como el sur de Irán. Esto casi borró al Imperio seléucida de la historia, y una vez más llevó a los iraníes al poder en la meseta iraní, que duraría hasta que los árabes invadieran en el siglo VII, todavía a unos 700 años de distancia.

Sin embargo, si bien el Imperio parto pudo anexar un territorio relativamente grande en Asia occidental, nunca igualaría lo que hicieron los aqueménidas en cuanto a la cantidad de territorio que controlaban y su influencia sobre él. Por ejemplo, mientras que los aqueménidas instalaron un sistema de gobierno altamente centralizado que dependía de sátrapas nombrados por el rey, los partos dependían mucho más del liderazgo local. En lugar de conquistar, trataban de negociar las relaciones de tributación de los reyes circundantes, convirtiéndolos en sus vasallos y aliviando la carga de gobierno que a menudo conlleva el hecho de tener un gran imperio.

El otro factor que limitaba la expansión de los partos era la competencia por el control de Asia occidental. Lejos al oeste, la República romana se había vuelto bastante poderosa y comenzó a tratar de expandir su influencia en y alrededor de Irán. Y en el Lejano

Oriente, los chinos bajo la dinastía han se movían hacia el oeste para tratar de expandir su influencia y establecer relaciones comerciales. Los partos nunca se relacionarían directamente con los chinos, en gran parte porque las provincias orientales estaban bien defendidas por los reyes de esa zona, pero competían activamente con los romanos. Por ejemplo, ambos imperios querían hacer del rey de Armenia su vasallo, y esto provocó algunos momentos de tensión entre los otrora grandes persas y los romanos en ascenso. Los romanos y los partos también lucharon directamente en diferentes partes de Asia occidental, ya que los romanos continuaron alardeando de su poder imperial en todo el mundo.

Pero quizás el logro más significativo del Imperio parto fueron las relaciones comerciales que pudieron de establecer. Lo más importante es que ayudó a conectar la Ruta de la Seda china con Asia occidental, lo que facilitó la importación de productos chinos a Europa. Por ejemplo, los romanos compraron cantidades considerables de seda -su mayor importación- así como perlas y otros artículos de lujo. A cambio, los chinos compraban tintes y especias, así como otros alimentos de Oriente Medio. Dado que Persia se encuentra estratégicamente en el centro de estas dos regiones influyentes del mundo, pudieron imponer derechos sobre el comercio entre Roma y China, enriqueciendo el imperio y ayudándolo a establecerse como un actor importante en la política de Asia occidental, así como en el desarrollo de la historia del mundo.

Dado el período de tiempo en el que existió el Imperio parto, no debe sorprender que su caída fuera el resultado directo de la expansión del Imperio romano. Con frecuencia se celebraban y luego se rompían tratados de paz, y los persas pudieron mantener la autonomía en gran medida porque los romanos dudaban en extenderse demasiado hacia el este y agotar sus recursos militares. Sin embargo, los romanos no capturaron a los reyes partos. En cambio, avanzaron lentamente hacia Mesopotamia, asegurándose de que la frontera estuviera fortificada antes de continuar. Durante la mayor parte del tiempo los dos reinos coexistieron, y la frontera entre ambos estaba regularmente en algún punto alrededor del río Tigris.

Un intento de invasión fue realizado por el emperador romano Trajano (c. 100 d. C.), quien logró capturar la ciudad persa de Susa, una de las ciudades más importantes bajo el control aqueménida. Pero esta conquista no duró mucho tiempo ya que los babilonios se rebelaron y empujaron a los romanos más al oeste hacia Mesopotamia. Los romanos nunca más intentarían expandirse tan al este, pero los resultados de esta invasión sacudieron al Imperio parto en su núcleo y provocaron su caída del poder.

Las luchas internas entre los diversos gobernantes con Persia debilitaron significativamente el poder de los partos, y la guerra casi constante con Roma también ejerció una presión considerable sobre su ejército, dejando a los partos abiertos al ataque, que se produjo en el año 224 d. C. cuando Ardashir I de Persis (que fue el centro de la dinastía aqueménida, pero que se había reducido a una provincia bajo los partos. Aunque no era una capital, ya que los partos establecieron sus capitales en el noreste de Irán) se rebeló contra la dinastía parta y comenzó a subyugar territorios. Finalmente se enfrentó a los partos en la batalla de Hormozgán en 224 d. C., la cual ganó Ardashir I. Esto puso fin al Imperio parto y dio nacimiento a la siguiente era de Persia: el Imperio sasánida. La figura 12 muestra la extensión del Imperio parto cuando estaba en su apogeo.

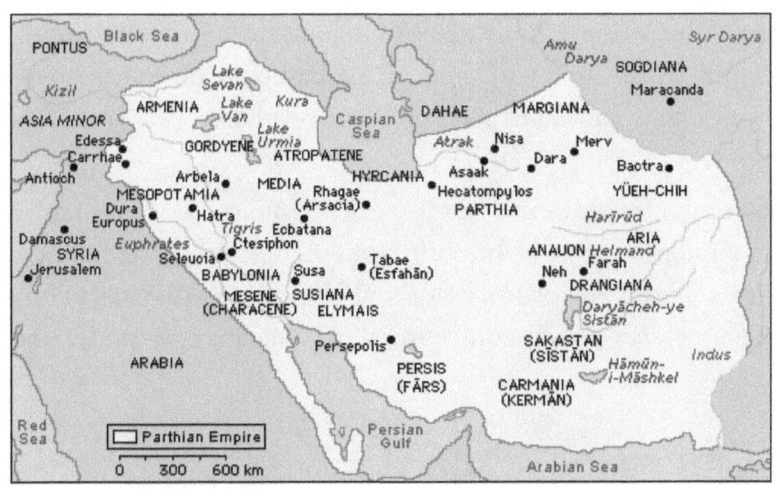

El imperio sasánida (224 a. C.-651 e. c.)

En comparación con la dinastía y el imperio aqueménida, los partos eran mucho más pequeños y mucho menos poderosos. Esto es en parte debido a la constante competencia que enfrentaban con sus poderosos vecinos, como Roma. Sin embargo, tras la caída del Imperio parto, nació el Imperio sasánida, que duraría unos 400 años. Se expandió significativamente en el territorio controlado por Persia, y fue el último Imperio persa antes del surgimiento del islam.

La ascensión de Ardashir I no fue indiscutible. La rebelión estalló en todo el imperio, y los romanos intensificaron sus hostilidades una vez que vieron las luchas internas de los partos, con la esperanza de aprovechar esto para ayudar a poner a los partos bajo el control romano. Sin embargo, Ardashir I, así como su hijo, Sapor I, lograron hacer una campaña exitosa alrededor del imperio para sofocar estas rebeliones, y también lograron derrotar a los romanos en el oeste, llevando el conflicto hacia el Mediterráneo y el Cáucaso.

Las rebeliones continuaron, pero hacia el año 300 d. C., los sasánidas estaban firmemente arraigados como los nuevos monarcas persas. La división del Imperio romano significó que su nuevo oponente sería el Imperio romano de Oriente, también conocido como el Imperio bizantino. El Imperio sasánida estaba constantemente en guerra con este poderoso vecino occidental, e incluso sitió Constantinopla. Pero ninguno de los dos lados fue capaz de conquistar al otro, y al final, el agotamiento de los recursos y las luchas políticas causadas por la guerra resultaron ser la caída de los sasánidas.

Sin embargo, aunque el Imperio sasánida no era tan grande territorialmente como el Imperio aqueménida (véase la figura 13), en muchos sentidos devolvió la gloria al Imperio persa y también ayudó a establecer a los persas como una de las fuerzas más poderosas de la región.

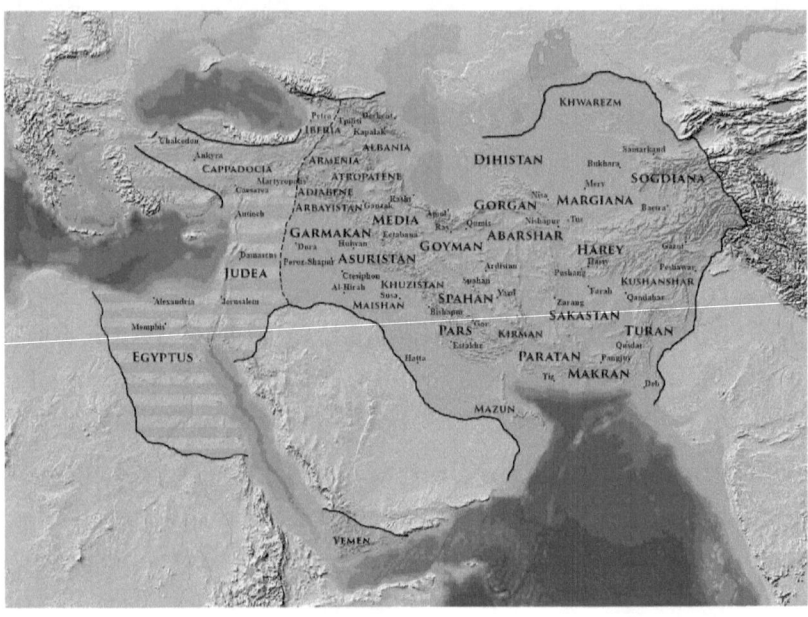

La cultura persa floreció bajo los sasánidas, que hicieron muchas contribuciones al desarrollo de la región. Más específicamente, los sasánidas eran bien conocidos por su arte, y se comisionaban y comerciaban pinturas, esculturas y textiles decorativos por todo el imperio. Muchos eruditos consideran que el arte sasánida es el predecesor del arte musulmán, que se convertiría en uno de los estilos más conocidos en todo el mundo a medida que el islam creció en prominencia a lo largo del primer milenio d. C.

Parte del éxito de Persia bajo los sasánidas fue que los reyes sasánidas volvieron a la forma de gobierno centralizada implementada por los aqueménidas. A diferencia de los partos, que eligieron en su lugar confiar en los reyes y gobernantes locales para que les ayudaran a hacer cumplir su mandato, los sasánidas utilizaron sátrapas y nombraron directamente a los gobernadores provinciales, utilizando el intrincado sistema de carreteras construido a lo largo de Mesopotamia y Asia central para desplazar tropas y dar órdenes sobre la mejor manera de gestionar el imperio. Esto ayudó a los sasánidas a ser mucho más poderosos y, por lo tanto, mucho más influyentes que los partos.

Una breve descripción de los logros del Imperio sasánida no hace justicia a su importancia. Pero lo que es importante recordar es que la formación de la dinastía partia y luego la dinastía sasánida es una gran razón por la que la cultura persa sigue existiendo y es prominente hoy en día. Muchas civilizaciones antiguas fueron y vinieron, Asiria y Babilonia, por ejemplo, siendo a menudo absorbidas por poderes mucho más grandes. Los aqueménidas pusieron a Persia en el mapa, pero los casi 1.000 años de dominio parto y sasánida ayudaron a afianzar a los persas como contribuyentes clave al desarrollo de la cultura mundial.

Y si nos detenemos a considerar que en los próximos 900 años no hubo ningún gobierno persa -los árabes invadieron e incluyeron a Persia en su califato-, los logros culturales de los primeros imperios persas pueden considerarse aún más notables. Habían logrado ser tan influyentes en la región que, aunque sus normas culturales fueron reprimidas -el zoroastrismo disminuyó significativamente bajo los árabes-, pueden seguir siendo relevantes hasta el día de hoy, lo que es una prueba más de que el imperio y el pueblo persas son algunos de los más importantes para la formación de nuestro mundo moderno.

La Dinastía Safávida (1501-1736 d. C.)

En un corto período de solo cinco años, a mediados del siglo VII, el Imperio sasánida cayó. Los ejércitos musulmanes invadieron, y aprovechando el declive ya existente del imperio, fueron capaces de derribarlo en c. 651. Esto marcó el comienzo de una dramática transformación en la historia y la cultura persa. El zoroastrismo comenzó a declinar, y el islam se convirtió en la religión dominante de la época. Pero al igual que la cultura romana/latina no desapareció tras la caída de Roma, la cultura persa se había desarrollado hasta el punto de poder seguir creciendo a pesar de que los persas no podían reclamar ser parte de una nación independiente. Aun así, este período de tiempo tuvo una influencia dramática en la historia persa/iraní, y también tuvo un gran impacto en la conformación del mundo moderno.

Sin embargo, los persas estaban lejos de haber desaparecido. Tardaron casi 900 años, pero para 1501 d. C., Persia había conseguido su independencia, y la dinastía safávida subió al poder, un grupo de gobernantes que desempeñó un papel importante en la formación del Irán actual, tanto en términos de territorio como de cultura.

En 1501, los disturbios políticos de la región dejaron a Persia esencialmente sin gobernante, y el Sah Ismail I, cuyos antecedentes son discutidos, aunque él y sus descendientes afirmaron que compartían linaje con el profeta Mahoma, subió al poder y estableció la dinastía safávida. Poco a poco fue capaz de conquistar las diversas ciudades de la meseta iraní, terminando su conquista con la expulsión de los uzbekos del territorio iraní y fortificando también la frontera con el Imperio otomano, que era la mayor potencia del Asia occidental en ese momento. La figura 14 muestra la extensión del Imperio persa bajo los safávidas, y también muestra las fronteras modernas de los diversos países de la región. Los safávidas controlaban más territorio que el que se considera hoy en día el Irán, pero la capacidad de la dinastía safávida para asegurar estas fronteras es en parte la razón por la que se le considera el fundador del Irán moderno.

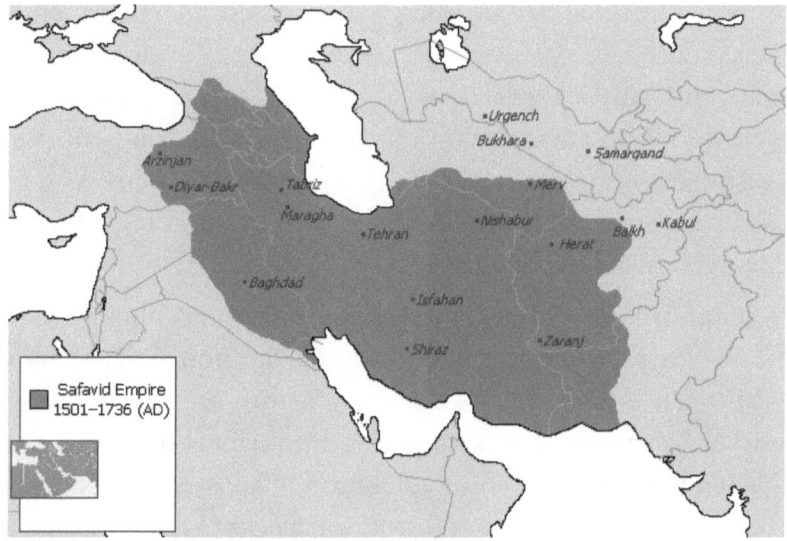

La característica que definía a la dinastía safávida era el sah (rey) y su poder. Junto con el Imperio mogol en la India y el Imperio otomano en Turquía, el Imperio safávida es uno de los Imperios de la Pólvora, término que se utiliza para describir las civilizaciones que fueron capaces de establecer estados fuertes y militaristas mediante el monopolio del uso de las armas de pólvora, específicamente la artillería y los mosquetes.

Y aunque el sah gobernó con absoluta supremacía, todavía hay pruebas de algunos principios e instituciones democráticas. Por ejemplo, la burocracia persa era grande y avanzada, y los funcionarios del gobierno persa estaban capacitados para registrar casi todas las acciones de sus departamentos. Ambas tácticas tenían el efecto de facto de limitar el poder del sah, aunque este tenía un control total sobre los militares. Este concepto de burocracia altamente centralizada pero eficiente y eficaz era una característica definitoria de la cultura persa, y sus raíces se remontan a las políticas de Darío I, el tercer emperador de la dinastía aqueménida.

Este fuerte gobierno militar es en parte la razón por la que tenemos un país de Irán hoy en día. Permitió a los persas reafirmarse como parte integral de las rutas comerciales por tierra entre las potencias europeas y los imperios orientales, principalmente los ubicados en China e India. Al ser capaces de asegurar sus fronteras y también de evitar eficazmente los ataques de las tribus nómadas y otros aspirantes imperiales, los sahs de la dinastía safávida lograron establecer a Persia como una fuerza poderosa en la región, algo que continuaría hasta el día de hoy.

Pero quizás la contribución más significativa a la cultura persa/iraní hecha por los safávidas fue la adopción y difusión de la rama chiíta del islam. Sin embargo, esto se hizo en formas menos que éticas. Cuando el Sah Ismail I llegó al poder a principios de 1500, le dio la espalda a una vieja tradición de tolerancia religiosa de los reyes persas e hizo del islam chiíta la religión oficial del imperio, haciendo obligatoria la conversión. La población suní, que era bastante grande en Persia en ese momento, que no se convirtió fue exiliada o asesinada, y el Ulema suní, el sacerdocio, fue fuertemente perseguido. Esta decisión tuvo un efecto dramático en el curso de la historia del mundo. El conflicto entre sunníes y chiítas es uno de los más significativos del mundo moderno, y tiene sus raíces en la decisión Safávida de hacer del islam chiíta su religión oficial y despreciar a los creyentes de todas las demás fes.

El declive de la dinastía safávida se ajusta a la tendencia histórica más amplia de la influencia europea en otras partes del mundo. Mientras que las guerras con los estados vecinos agotaron los recursos de la dinastía safávida y debilitaron su poder, fue la entrada de la Compañía holandesa de las Indias Orientales, así como de la marina británica, la que tendría un papel importante en el declive del Imperio persa bajo los safávidas.

Esta entrada de la Compañía holandesa de las Indias Orientales dio a los europeos un monopolio sobre el comercio en la región, y bloquearon las rutas comerciales de ultramar no autorizadas entre

Irán y el resto de Asia, lo que agotó lentamente muchos recursos del gobierno persa/iraní. Como resultado, la dinastía safávida colapsó, y a principios de 1700, estaba bajo un fuerte ataque. Diferentes grupos tribales y étnicos causaron estragos en sus fronteras, y los rusos y los otomanos aprovecharon este momento de debilidad como su oportunidad para tomar el control de Persia, lo cual hicieron. Para 1724, la dinastía safávida ya no existía, y Persia se dividió entre los rusos y los otomanos, poniendo fin a la independencia de Persia por aquel entonces.

La Dinastía Kayar (1789-1925)

Los intentos a mediados del siglo XVIII por restablecer la independencia persa fracasaron, y no fue hasta el final de siglo, con el surgimiento de la dinastía kayar, que Persia pudo volver a mostrarse como una nación libre e independiente. Se considera que esta es la última dinastía de Persia. Su caída coincidió con el estallido de la Segunda Guerra Mundial, y las presiones de otros países, así como de su propio pueblo, la obligaron a aceptar una monarquía constitucional durante los últimos 20 años de su gobierno. Los Sahs continuaron gobernando Irán hasta la Revolución iraní en 1977, y la familia Kayar todavía existe hoy, aunque no tiene ninguna pretensión de gobernar Irán.

La dinastía kayar surgió en la resistencia bajo el mando de Sah Mohammad Khan Kayar, que puso fin a la breve dinastía afsárida (el mencionado intento de establecer un monarca persa después de la caída de los safávidas). Y tan pronto como aseguró el control de Irán, inmediatamente puso sus ojos en el Cáucaso, con la esperanza de recuperar los territorios perdidos en los siglos anteriores. A los éxitos iniciales les siguieron derrotas aplastantes a medida que los rusos se movían contra los kayars y pudieron tomar los territorios que conforman la actual Georgia, Azerbaiyán y Armenia.

Estas derrotas llevaron al trazado de las fronteras iraníes que conocemos hoy. Y la dinastía kayar se considera responsable de la «modernización» de Irán. Construyeron la primera universidad de

Irán y de Oriente Medio, la Dar ul-Funun en Teherán en 1851. Además, los kayars introdujeron tecnologías occidentales que condujeron a la industrialización del país, y en el siglo XX, comenzaron a comercializar combustibles fósiles con el resto del mundo; hasta el día de hoy, Irán es miembro de la OPEP (Organización de Países Productores de Petróleo), y tiene el mayor suministro de gas natural del mundo.

Quizás la característica que más define a la dinastía kayar fue su sumisión a las potencias extranjeras. Los británicos se involucraban cada vez más en los asuntos de Oriente Medio, y diversos acuerdos realizados por los reyes kayar con empresas comerciales británicas dieron como resultado que la mayoría del comercio iraní fuera manejado por los propios británicos. Estos acontecimientos llevaron al pueblo iraní a sentir que sus líderes estaban vinculados a potencias extranjeras, y esto fue una de las fuerzas motrices del impulso de reforma que se produjo a principios del siglo XX.

Fue esta reforma la que traería más democracia a la región de la que nunca antes se había visto. El país estaba en la ruina financiera, y el clero y las clases mercantiles exigían que el sah cediera poderes para que otros pudieran manejar los asuntos del país y ponerlo en una mejor posición para el éxito. A principios de 1906 estallaron protestas en todo Irán y para finales de año se había redactado y ratificado una constitución que establecía un parlamento, limitaba el poder real y exigía que el sah obtuviera la confirmación del parlamento para los nombramientos del gabinete.

Esta medida pareció iniciar un proceso de transición democrática, pero la democracia en el Irán ha sido y sigue siendo bastante difícil. Hasta el día de hoy, la mayoría de los estudiosos y expertos en relaciones internacionales coinciden en que los principios democráticos no se respetan en Irán y que las libertades individuales, especialmente las de las mujeres y niños, están considerablemente limitadas en comparación con los países más liberales de Occidente.

Esto puede entenderse más fácilmente cuando se examina de forma más amplia el desarrollo del Irán como nación. Las clases terratenientes, los poderosos gobiernos regionales y un monarca absoluto han sido partes integrantes de la cultura iraní/persa desde mediados del primer milenio antes de Cristo. Y dado el curso de la historia bajo los kayars -principalmente la intrusión de potencias extranjeras en los asuntos iraníes- no es tampoco una sorpresa que el auge de la democracia en Irán coincidiera también con un aumento del sentimiento antioccidental, que llevó a las superpotencias del siglo XX, Gran Bretaña y Estados Unidos, a apoyar a los gobiernos autocráticos iraníes en lugar de un verdadero gobierno del pueblo.

Además, los kayars presidieron Irán durante la Primera Guerra Mundial y, aunque eran oficialmente neutrales, fueron invadidos por los otomanos poco después de que estallaran los combates. Sin embargo, su respuesta fue en gran medida defensiva, e Irán pudo evitar la ocupación de sus antiguos rivales. Los rusos también desempeñaron un papel importante en la limitación del poder de la dinastía kayar. No solo los obligaron a salir del Cáucaso, sino que también lograron evitar que Irán avanzara a otros lugares al norte o al este.

En general, la dinastía kayar, aunque mucho menos poderosa que las anteriores, jugó un papel importante en el desarrollo del Irán moderno. Ayudó a introducir nuevas eras de gobierno más democrático, industrialización y logros científicos impulsados por una inversión en la educación pública y superior. Su eventual caída puede entenderse como parte de una tendencia más amplia en la que las monarquías medievales fueron sustituidas por formas de gobierno más modernas, pero con la familia kayar aún viva hoy en día, sigue existiendo la posibilidad de que los monarcas persas puedan volver a alcanzar el poder y la gloria.

Conclusión

Esta breve discusión sobre las diversas dinastías que existieron después de los aqueménidas no hace justicia a la gloria y el esplendor que Persia ha experimentado en los últimos 2.000 años. Sin embargo, debería ayudar a mostrar cómo este gran imperio de antaño sigue vivo hoy en día. Las formas de gobierno desarrolladas por Darío I ayudaron a los reyes persas a controlar el territorio que ahora llamamos Irán durante la mayor parte de 2.500 años.

Pero quizás más importante, el éxito de estas dinastías ayudó a mantener la cultura persa y a establecer un sentido de identidad, algo que sigue vivo hoy en día. Y las políticas generales de tolerancia religiosa y autonomía regional han ayudado a establecer a Irán como un país dinámico y multicultural que es uno de los más poderosos y significativos no solo en las regiones circundantes, sino también en el mundo.

Capítulo 9 - Arte Persa: Mezcla de Oriente y Occidente

La aparición de los persas a mediados del último milenio antes de Cristo los convierte en relativamente nuevos en la etapa del Asia occidental. Sin embargo, una vez que llegaron, se convirtieron rápidamente en una de las potencias más formidables del mundo. Aunque el continuo dominio de su patria, la meseta iraní, se les escapó -la conquista por los griegos bajo Alejandro y más tarde los musulmanes de Arabia que interrumpieron largos períodos de dominio persa-, el dominio de sus imperios bajo las dinastías aqueménida y sasánida ayudó a establecer una fuerte cultura persa que persistiría sin importar quién controlara Irán.

Gracias a su capacidad de mantenerse como una potencia fuerte durante gran parte de la antigüedad y el período medieval, los persas pudieron desarrollar una fuerte cultura artística que influiría profundamente en otras civilizaciones.

Sin embargo, distinguir qué contribuciones son específicamente persas puede ser una tarea difícil. Cuando los persas llegaron a la escena, Mesopotamia había estado habitada durante miles de años, y los sumerios, babilonios y asirios habían logrado construir grandes imperios que influyeron enormemente en el desarrollo de la región.

Entonces, en el siglo VII d. C., los persas fueron conquistados por los musulmanes, expulsando su religión nativa, el zoroastrismo, y marcando el comienzo de la Edad de Oro del islam. Durante este tiempo, los persas hicieron importantes contribuciones al arte musulmán, y la propia Persia fue considerada un punto importante para el desarrollo cultural musulmán.

Como resultado, es mejor entender las contribuciones culturales persas menos como verdaderas innovaciones y más como adiciones innovadoras. Se basaron en culturas y tradiciones anteriores que provenían de sus vecinos, como los asirios, los babilonios y los medos, pero también de los territorios que estaban en las afueras o incluso más allá de las fronteras de las tierras controladas por los persas, como Grecia, Roma, Rusia, India y, en menor medida, China. Sin embargo, a pesar de esta amalgama, Persia pudo dejar su propia huella y lo que salió de la meseta iraní ayudó a impulsar la cultura mundial y contribuyó significativamente a su avance.

Arquitectura

Al igual que sus contemporáneos, los reyes persas estaban obsesionados con la construcción. Con la conquista llegaron grandes riquezas, y casi todos los monarcas persas se preocuparon por utilizar estas riquezas para ayudar a construir palacios y otras residencias que demostraran su éxito como conquistadores y también les ayudaran a legitimar su derecho al trono.

Como resultado, gran parte de los logros artísticos del Imperio persa se encuentran dentro y alrededor de los palacios y otras instalaciones reales. El arte no fue una ocupación más generalizada probablemente hasta después de que comenzara el período islámico en Persia, por lo que los artesanos calificados se congregaron en las capitales persas, empezando primero por Persépolis y luego avanzaron hacia Susa y Ctesifonte (la capital de la dinastía sasánida, que se encuentra en el actual Iraq).

La contribución más significativa de los persas en términos de construcción fue el continuo desarrollo de las columnas. Este es un ejemplo perfecto de que los persas tomaron una forma de arte o arquitectura previamente existente y la aprovecharon para hacerla suya. Y la evidencia restante de esto existe en Persépolis, una de las principales capitales del imperio aqueménida. Las columnas utilizadas allí fueron fuertemente influenciadas por los griegos, que eran famosos por utilizar columnas para sostener su construcción de postes y vigas, pero también incorporaron sus propios elementos de estilo. Por ejemplo, las columnas persas tienen lo que se conoce como un capitel animal persa, que se refiere al uso de esculturas de animales como el capitel (la parte superior de una columna).

Los animales aparecen con frecuencia en la antigua arquitectura persa, siendo uno de los usos más notables el de «vigilar» palacios y otros edificios importantes. Esta fue una práctica desarrollada originalmente por los egipcios, pero como los egipcios fueron frecuentemente conquistados por otros imperios de la región, este estilo se difundió rápidamente, y casi todos los edificios importantes de las principales ciudades persas de Persépolis y Pasargada tienen animales bellamente esculpidos que hacen guardia en sus entradas.

Con el paso del tiempo, los persas comenzaron a adaptar otros estilos, sobre todo el de los romanos. En lugar de usar técnicas de construcción con postes y vigas, los romanos prefirieron los edificios con arcos, algo que también influiría en los estilos de construcción de la mayoría de las culturas europeas. El ejemplo más famoso de esto es el palacio sasánida de Ctesifonte, que utiliza columnas encajadas y arcos ciegos, que se construyen dentro de la estructura en lugar de fuera de ella, para formar un estilo de construcción único persa-romano. La imagen de abajo ayuda a dar una idea de lo que es este estilo.

La arquitectura persa comenzó a experimentar una transformación después de la invasión musulmana. Por eso el arte persa se divide normalmente en dos períodos: pre y post islámico. La arquitectura persa post-islámica incorporó muchos de los elementos de estilo más notables del arte islámico, como mosaicos coloridos, patrones grandes y repetitivos, caligrafía, estuco y espejos. Gran parte de esta arquitectura se exhibe en las mezquitas que se encuentran en todo Irán, ya que este habría sido uno de los principales proyectos de los arquitectos, constructores y artesanos persas durante todo el período islámico.

Además, los persas adaptaron el destello islámico de la grandeza, eligiendo construir grandes palacios, mezquitas, parques y plazas urbanas, que se convertirían en características definitorias de los edificios persas durante el período islámico. Tal vez el mejor ejemplo de ello sea la plaza Naqsh-e Jahan, construida en el siglo XVI durante la época de la dinastía persa safávida. Situada en la actual ciudad de Isfahán, está considerada como la sexta plaza más grande del mundo, y es una pieza definitoria de la arquitectura persa post-islámica. La foto de abajo muestra algunos de los componentes estilísticos de la arquitectura de la plaza, y también da una idea de lo grande que era esta parte de la ciudad.

Sin embargo, como era de esperarse, este intercambio de estilos y técnicas artísticas no era un camino de un solo sentido. Los propios persas, con su rica y vibrante historia y cultura, lograron hacer un impacto en la arquitectura islámica, y esto es evidente en todo el mundo. Específicamente, los persas fueron responsables de la inclusión de cúpulas a gran escala en la arquitectura islámica.

Esta práctica fue probablemente desarrollada por primera vez por los persas bajo la dinastía sasánida, siendo los edificios más famosos el Palacio de Ardashirt y Dezh Dohtar. Estas cúpulas eran relativamente nuevas en el Asia occidental y el Cercano Oriente, pero rápidamente se convirtieron en un aspecto central de casi todos los edificios islámicos.

Es por razones como esta que Persia es considerada como una de las fuerzas motrices de la cultura artística islámica que influyó dramáticamente en la forma en que el mundo diseñó y construyó los edificios. Los edificios que incorporan estos elementos estilísticos se pueden encontrar en regiones del mundo que van desde la India hasta España. Por supuesto, sería inexacto decir que Persia fue la única responsable de este desarrollo, pero también sería inexacto decir que los artistas y arquitectos persas no influyeron mucho en las construcciones que tuvieron lugar en toda Asia occidental antes, durante y después de la Edad de Oro islámica.

Escultura y pintura

Los estilos persas de arte y arquitectura son evidentes en sus edificios, pero más allá de eso, hay muchos otros ejemplos de cómo el arte persa fue influenciado por y también influyó en el desarrollo artístico de las culturas de la región.

Las antiguas esculturas persas tenían dos formas. La primera eran los relieves esculpidos, que se encontraban normalmente en templos o palacios. Estas obras son grandes ejemplos de cómo el arte persa fue una verdadera mezcla entre Oriente y Occidente. Por ejemplo, los europeos, sobre todo a través de los griegos y los romanos, eran conocidos por sus esculturas altamente realistas. Parecían estar más interesados en representar el mundo natural de la forma más precisa y exacta posible. Por otro lado, las antiguas culturas mesopotámicas favorecían diseños mucho más estilizados, que ponían en juego los elementos sobrenaturales o incluso surrealistas de la realidad.

Sin embargo, lo que vemos en los relieves persas es una verdadera mezcla entre estos dos enfoques. Por ejemplo, consideremos el relieve que se muestra a continuación. Se ha prestado mucha atención a los detalles de los dos animales, y los escultores se preocuparon claramente por tratar de ser precisos en términos de proporciones y tamaño. Sin embargo, el rostro del segundo animal está muy estilizado, lo que ayuda a mostrar el interés de los persas por algunas de las técnicas que se utilizaban comúnmente en Asia occidental en esa época.

El otro componente significativo de la escultura persa era su metalurgia. Los persas eran conocidos por crear estatuillas muy bellas, rhytons (pequeños recipientes que pueden ser utilizados como una copa o una jarra), y joyas. De nuevo, estas piezas representaban una bonita mezcla entre el estilo oriental y el occidental, lo que las habría hecho únicas y por tanto muy deseadas por los ciudadanos de todo el imperio.

Estos artículos representan una de las pocas oportunidades para que los ciudadanos comunes disfrutaran del arte creado como resultado del esplendor imperial. Pocos, si es que alguno, de los plebeyos podían permitirse esculturas o relieves en su casa, por lo que poseer una de estas pequeñas, pero finas, fruslerías habría sido una gran fuente de orgullo y una oportunidad para que una familia o individuo expresara su riqueza. Como resultado, estas piezas constituían la mayor parte de los artículos de comercio de lujo que los persas enviaron a otras partes del imperio, convirtiéndolas en una importante fuente de riqueza para los comerciantes persas.

Pintura

La pintura en el Imperio persa no se hizo común hasta la época de la conquista musulmana. Quedan pocas pinturas murales del período pre-islámico, por lo que es difícil saber si esto no era una práctica común o si el tiempo simplemente ha hecho que estas obras desaparezcan. Sin embargo, después de la conquista musulmana y durante la época de las dinastías post-islámicas, la pintura persa se desarrolló significativamente y contribuyó al desarrollo general del arte islámico.

Quizás los ejemplos más conocidos de esto son las miniaturas persas. Estas pequeñas pinturas se utilizaron para acompañar la narración de historias, generalmente empleadas para representar escenas narrativas en los diferentes libros desarrollados en la Persia post-islámica.

Dos elementos estilísticos principales se destacan de las miniaturas persas. El primero es que el arte persa nunca prohibió completamente la representación de la forma humana, algo que era común en muchos territorios controlados por los musulmanes. Esto ayuda a demostrar la relativa autonomía que Persia fue capaz de mantener durante el período de dominio extranjero desde el siglo VIII a. C. hasta el XVI. Y aunque la precisión de estos pintores no estaba todavía al mismo nivel que lo que veríamos de los Viejos Maestros que aparecieron en Europa durante el Renacimiento, estas pinturas ayudan a mostrar cómo podía ser la gente, cómo se vestía y también cómo vivía.

La otra gran contribución que surgió de la pintura de estas miniaturas fue el concepto de «Iluminación». Esto describe la práctica de las pinturas o incluso los textos de los alrededores con diseños altamente decorativos y ornamentales. El propósito era tratar de mostrar de forma más hermosa la obra de arte que se presentaba. Algunos de los mejores ejemplos de esto están en las copias del Corán que salieron de Persia durante este tiempo. Debido a que estos diseños fueron tan exitosos en el embellecimiento de ciertos textos, muchos artistas comenzaron a enfocar sus esfuerzos enteramente en estos patrones decorativos, que ayudaron a lo que tal vez sea una de las contribuciones más famosas de los persas al arte mundial: Las alfombras persas. La imagen de abajo muestra una miniatura persa rodeada por un borde altamente decorativo.

Alfombras y tapetes

Ninguna discusión sobre el arte persa estaría completa sin mencionar las alfombras y los tapices. Lo interesante de la producción de alfombras en Persia, sin embargo, es que era ante todo un comercio. En el mundo antiguo, el arte era normalmente algo relegado a aquellos que podían permitirse el lujo. Fue producido por aquellos que tuvieron la suerte de recibir entrenamiento en las artes, y fue creado para aquellos con la riqueza, el poder y el estatus necesario para permitirse el arte en el hogar.

Sin embargo, en Persia, al igual que en el resto del «Cinturón de Alfombras» (el término utilizado para describir los países más conocidos por la producción de alfombras en el Oriente Medio, que van desde Persia hasta la India), el tejido de alfombras se desarrolló como un medio de subsistencia por varias tribus nómadas; las alfombras se diseñaban, creaban y llevaban al mercado para ser vendidas. Debido a esta tradición, es difícil precisar un estilo en particular para describir las alfombras persas, pero se definen en parte por su excepcional elaboración y sus intrincados diseños, lo que ha contribuido a convertirlas en uno de los productos básicos más deseados del mundo.

Por ejemplo, algunos diseños reflejaban el estilo de vida nómada de quienes los hacían, contando historias de animales de pastoreo y de la vida en las llanuras de Asia central, mientras que otros están claramente diseñados con un ojo para la estética pura, utilizando patrones repetidos y otros elementos de diseño intrincado más comúnmente vistos en la Persia post-islámica.

El tejido de alfombras persas probablemente se convirtió en una industria más bajo los safávidas, que construyeron lo que puede describirse mejor como fábricas en la ciudad de Isfahán (estos eran más centros de producción que fábricas completas y mecanizadas, pero el principio es el mismo). Aquí los reyes safávidas dedicaron importantes recursos al diseño y producción de alfombras persas, ayudándoles a convertirse en uno de los principales oficios de lujo persas. Estas alfombras se hicieron tan famosas que fueron deseadas por los ricos y poderosos de todo el mundo, y muchas alfombras persas están ahora expuestas en museos de todo el mundo. A continuación, se muestra una foto de la Alfombra Ardabil, que se encuentra parte del tiempo en Londres y parte en Los Ángeles, y también la Alfombra de la Coronación, que fue comprada por la familia real danesa en el siglo XVII y se conserva en Copenhague.

La fabricación de alfombras persas ha sido inscrita por la UNESCO en sus «Listas de Patrimonio Cultural Inmaterial». Su producción representa un aspecto importante del desarrollo artístico y económico de la región a lo largo de la historia. Estimuló el comercio dentro del imperio, y también ayudó a Persia a conectarse con civilizaciones más poderosas tanto en Europa como en Asia. Además, el diseño de alfombras se benefició y contribuyó a los intrincados diseños utilizados en muchas otras formas de arte persa e islámico, ayudando a la región a desarrollar lo que se convertiría en uno de sus estilos artísticos definitorios.

Conclusión

Como era de esperarse, el arte persa es en gran medida un reflejo de su historia. El surgimiento de Persia en el escenario miles de años después de que los egipcios, babilonios y sumerios se hubieran establecido en el Creciente Fértil, significó que el arte persa temprano reflejó en gran medida los estilos de estas culturas anteriores. Sin embargo, a medida que Persia se hizo más poderosa, comenzó a afirmar su propia influencia en el arte de la región. Con el tiempo, en el momento de la conquista musulmana de Persia, había desarrollado una cultura artística lo suficientemente fuerte como para no solo sobrevivir a este período de transformación dramática, sino también para influir en ella de una manera que haría de Persia una parte importante del desarrollo general de la cultura de Oriente Medio.

Capítulo 10 - Contribuciones persas a la ciencia y la tecnología

La capacidad de una civilización para producir avances científicos y tecnológicos tiene un impacto directo en su éxito. Las civilizaciones más poderosas del mundo han alcanzado sus posiciones como resultado del uso de la ciencia para obtener una ventaja sobre sus adversarios.

Persia no es diferente. Aunque sus lejanos vecinos y antiguos rivales, los griegos, con nombres famosos como Aristóteles, Pitágoras y Arquímedes, son responsables de muchos de los avances científicos más importantes del mundo antiguo, los propios persas hicieron muchas contribuciones que ayudaron a impulsar la civilización humana y los establecieron como la principal potencia de Asia occidental.

La antigua Persia

Uno de los avances más significativos de la antigua Persia fue el qanat. Aunque sigue habiendo un debate sobre si el qanat fue enteramente inventado por los persas, estructuras similares aparecen en toda Mesopotamia y Arabia alrededor de la misma época, la evidencia sugiere que los persas fueron capaces de avanzar en esta tecnología y usarla para ayudarles a crecer como una fuerza poderosa. Hay más qanats en Persia que en cualquier otra parte del mundo

Un qanat es esencialmente un sistema de irrigación. Consiste en la construcción de un canal de suave pendiente a través de una montaña que se conecta a la capa freática y proporciona un flujo constante de agua tanto para beber como para regar. En muchos sentidos, un qanat es un acueducto subterráneo, aunque la construcción de este canal subterráneo habría presentado a los persas considerables desafíos; la construcción de tantas de estas estructuras sugiere que los persas estaban significativamente avanzados en ese momento. Los qanats de Gonabad siguen en uso hoy en día. Son unos de los más antiguos del mundo, y proporcionan agua a unas 40.000 personas que viven actualmente en Irán. A continuación, se muestra un diagrama de cómo se construye un qanat y cómo proporciona agua a la tierra y a la gente.

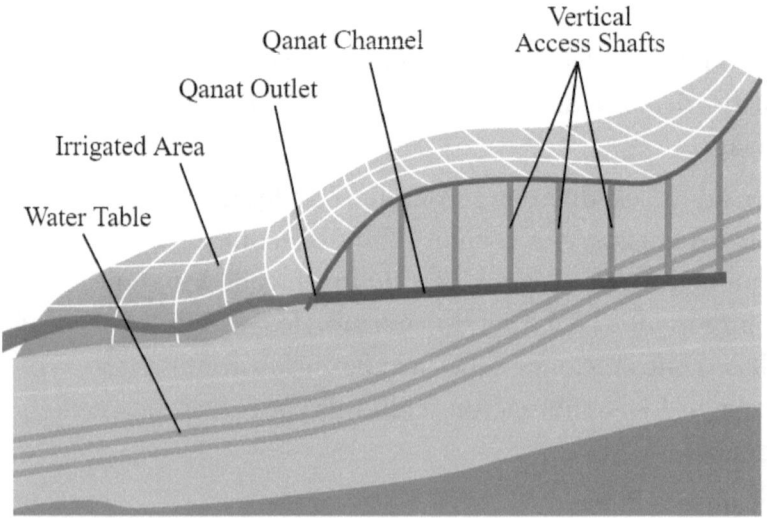

El otro gran desarrollo tecnológico de la antigua Persia fue el molino de viento. Los babilonios habían desarrollado un molino de viento y lo usaron como bomba de irrigación desde el siglo XVIII a. C., pero poco después de que los persas se asentaran en la meseta iraní, comenzaron a usar un molino de viento, que servía para el mismo propósito que el molino de viento babilónico, pero era más efectivo.

Los antiguos persas también son responsables de crear la primera batería del mundo, un dispositivo conocido como la Batería de Bagdad. Consistía en una vasija de terracota, que se llenaba de arena, y una gran varilla de hierro que estaba encerrada en un tubo de cobre, que habría sido capaz de conducir electricidad. Sin embargo, la falta de fuentes que describan este dispositivo y su estado de gran corrosión tras su descubrimiento han hecho difícil para los historiadores determinar con precisión para qué se habría utilizado exactamente este dispositivo. Algunas teorías sugieren que fue utilizado como una célula galvánica, o como una herramienta para la galvanoplastia, o un método de electroterapia. Sin embargo, la Batería de Bagdad data de la época cercana al final de los partos y principios de las dinastías sasánidas, lo que sugiere que los persas de la época eran líderes en ciencia y tecnología.

La Persia islámica y post-islámica

Después de la conquista musulmana de Persia, el antiguo poder siguió contribuyendo al desarrollo de la ciencia moderna. Una de las contribuciones más notables fue la del filósofo del siglo XI, Biruni, quien escribió en un texto astronómico que la tierra podría girar alrededor del sol. En esa época, las culturas de todo el mundo creían en un universo geocéntrico, lo que significaba que la Tierra estaba en su centro. Y aunque Biruni no tenía ninguna evidencia material para apoyar esta afirmación, podemos revisar su declaración y atribuirla a la gran cultura científica que existía en Persia en ese momento.

La Ley de Conservación de la Masa, que fue probada por Lomonosov y Laurent Lavoisier en el siglo XVIII y que afirma que un cuerpo de materia nunca desaparece, sino que solo cambia de una forma a otra, también tiene sus orígenes en Persia, siendo el filósofo Tusi el primero en escribir esta idea. Tusi también escribió algunas de las primeras investigaciones del mundo sobre el concepto de la evolución, pero lo hacía en un intento de hacer un argumento religioso, y por lo tanto no se le puede dar demasiado crédito por este descubrimiento.

Otro importante científico del período islámico, Jaber Ibn Hayyan, es considerado uno de los padres fundadores de la química moderna. Publicó una enciclopedia en la que exponía sus ideas sobre temas como las aplicaciones del curtido y los textiles, la destilación de plantas y flores, el origen de los perfumes y el uso de la pólvora. Tal vez este último tema fue el que tuvo una influencia más duradera en la historia del mundo, ya que Oriente descubrió y utilizó la pólvora mucho antes que Occidente, y su descubrimiento dio lugar a la formación de los Imperios de la Pólvora, que utilizaron esta tecnología para establecer un firme control sobre el territorio de Asia occidental y central.

Kamal al-Din Al-Farisi fue otro famoso científico que surgió del período islámico. Se centró más en tratar de describir el mundo físico, y se le atribuye el haber dado la primera explicación legítima de por qué se produce un arco iris. Sin embargo, quizás lo más importante es que hizo esta afirmación presentando primero una teoría y luego realizando rigurosos experimentos para verificarla, lo que sugiere que puede haber ayudado a introducir el uso del método científico y el racionalismo en Irán, que se convertiría en la fuerza motriz del desarrollo científico durante todo el período medieval y más allá.

Otra área en la que los persas ayudaron a hacer avances significativos en la ciencia fue la medicina. Se cree que los persas aqueménidas inventaron el concepto de los trasplantes de órganos, aunque existen pocas pruebas que indiquen que fueron capaces de realizar estos procedimientos de forma fiable y con éxito.

Una de las cosas más populares en el desarrollo de la medicina persa es la forma en que diagnosticaban y luego trataban los dolores de cabeza. Durante gran parte de la historia, esta dolencia común no fue comprendida, sin embargo, los médicos persas se propusieron tratar de averiguar qué causaba estos dolores de cabeza y cómo podían ser curados. Hicieron observaciones detalladas de los diferentes tipos de dolores de cabeza, clasificándolos por los síntomas que producían y sus causas potenciales.

Esta cultura de observación y experimentación ayudó a Persia a convertirse en un centro de medicina en el mundo medieval, una cultura que ha continuado hasta el día de hoy. La fundación de la Academia de Gundeshapur bajo la dinastía sasánida en el siglo VI d. C. representa el primer hospital docente del mundo. Gente de todo el mundo, desde Grecia hasta la India, venían a Gundeshapur para estudiar y practicar, llevándose lo aprendido a su casa. Esta academia aún existe hoy en día y es considerada una de las principales escuelas de medicina del mundo.

En el campo de las matemáticas, los persas obtuvieron muchos logros, especialmente durante el período de dominio islámico, en el que dedicaron importantes recursos al desarrollo de las matemáticas. Sin embargo, tal vez una de las cosas más significativas de las matemáticas persas fue la invención de la tabla de logaritmos por Muhammad Ibn Musa-al-Kharazmi en el siglo X. También hizo importantes contribuciones al desarrollo del álgebra, y también se expandió en la aritmética persa e india. Debido a todo su trabajo, al-Kharazmi es considerado uno de los padres de las matemáticas modernas.

Conclusión

Los persas se establecieron como un grupo cultural y lingüístico distinto hace más de 2.000 años. Y dado el éxito que tuvieron en el establecimiento y mantenimiento de un imperio durante todo ese tiempo, no debería sorprender que los persas fueran capaces de hacer contribuciones significativas al desarrollo de la cultura mundial. Sus logros en la ciencia y la tecnología se encuentran entre los más importantes. Hoy en día, la nación moderna de Irán sigue siendo un gran triunfador en el mundo de la ciencia. Todos los años se celebran importantes conferencias internacionales en todo el país, e Irán sigue siendo líder en la medicina moderna, ayudando a continuar el legado y el esplendor del Imperio persa en esta era.

Conclusión

Como encrucijada entre Europa y Asia, el Oriente Medio ha desempeñado un papel fundamental en el desarrollo del mundo en que vivimos hoy. Las diferentes potencias imperiales que surgieron de esta región -conocida por muchos como la Cuna de la Civilización- ayudaron a trazar las fronteras de algunos de los países más poderosos y poblados del mundo. Y en el centro de todo estaba Persia.

A diferencia de los asirios o los babilonios, una vez que los persas entraron en escena en el oeste de Asia en el siglo VII a. C., se convirtieron en componentes centrales del desarrollo social, político y cultural de la región. El imperio persa no solo sentó las bases de una cultura e identidad común, sino que ayudó a establecer las fronteras de la nación moderna de Irán, contribuyó a difundir el islam en todo el Oriente Medio y enseñó al mundo a administrar con eficacia y eficiencia un vasto imperio.

El primer imperio persa -el imperio aqueménida- controlaba toda Asia occidental, así como partes de África e incluso Europa. Y aunque las dinastías posteriores no podrían igualar los logros territoriales de los aqueménidas, ayudarían a establecer al pueblo iraní y a su país como una potencia económica que sería decisiva para ayudar a establecer relaciones comerciales y diplomáticas entre Oriente y Occidente.

Hoy en día, Persia, o Irán, se encuentra en una época de incertidumbre política. La Revolución iraní de 1977 trajo la democracia al país, a partir de las reformas constitucionales que se llevaron a cabo a principios del siglo XX, pero esto no trajo estabilidad. Su Líder Supremo se ha vuelto bastante poderoso, y frente al antagonismo internacional, ha caído ligeramente en desgracia en el escenario mundial.

Sin embargo, la historia de Persia nos muestra una cosa: esta sociedad culturalmente distinta, orgullosa y avanzada está aquí para quedarse. Una y otra vez, la derrota o la inestabilidad han amenazado a Persia, pero siempre encontró la manera de reafirmarse como una fuerza dominante en la región, y hay muchas razones para creer que esto seguirá siendo así, especialmente si se considera que Irán posee las mayores reservas de gas natural, el combustible fósil que se está convirtiendo rápidamente en el favorito del mundo.

En general, no se sabe cómo será la Persia del mañana, pero si su pasado es un indicio, entonces es seguro asumir que será un país importante capaz de moldear no solo el curso de la historia de Oriente Medio, sino del mundo entero.

Vea más libros escritos por Captivating History

Bibliografía

Amanat, Abbas. *Pivot of the Universe: Nasir al-Din Shah Qajar and the Iranian Monarchy, 1831-1896.* Univ of California Press, 1997.

Bower, Virginia, et al. *Decorative Arts, Part II: Far Eastern Ceramics and Paintings, Persian and Indian Rugs and Carpets.* National Gallery of Art, Washington, 1998

Bury, J.B; Cook, S.A.; Adcock, F.E. *The Persian Empire and the West* in: The Cambridge Ancient History Vol. IV. Cambridge University Press, 1930

Fisher, William Bayne; Avery, P.; Hambly, G. R. G; Melville, C. *The Cambridge History of Iran.* Cambridge University Press.

Frye, Richard N. *The Sassanians.* Cambridge Ancient History Vol. 122 . Cambridge Univesity Press, 2005.

Kuhrt, Amélie. *The Persian Empire: A Corpus of Sources from the Achaemenid Period.* Routledge, 2013.

Nicolle, David; McBride, Angus. *Sassanian Armies: The Iranian Empire Early 3rd to mid-7th centuries AD.* Montvert Publications, 1996.

Olmstead, Albert Ten Eyck. *History of the Persian Empire. Vol. 108.* Chicago: University of Chicago Press, 1948.

Wiesehofer, Josef. *Ancient Persia.* IB Tauris, 2001.

www.ingramcontent.com/pod-product-compliance
Lightning Source LLC
LaVergne TN
LVHW041644060526
838200LV00040B/1704